本书由河南省高等学校青年骨干教师培养计划“图书馆数字人文服务模式研究（2020GGJS173）”资助

图书馆数字人文服务

苏芳荔 著

中国纺织出版社有限公司

图书在版编目（CIP）数据

图书馆数字人文服务／苏芳荔著 .-- 北京：中国纺织出版社有限公司，2021. 12 （2024.2重印）
ISBN 978-7-5180-9059-4

Ⅰ.①图… Ⅱ.①苏… Ⅲ.①数字图书馆—图书馆服务—研究 Ⅳ.① G250.76

中国版本图书馆CIP数据核字（2021）第214974号

策划编辑：赵 天　　责任校对：寇晨晨　　责任印制：储志伟

中国纺织出版社有限公司出版发行
地址：北京市朝阳区百子湾东里 A407 号楼　邮政编码：100124
销售电话：010—67004422　传真：010—87155801
http://www.c-textilep.com
中国纺织出版社天猫旗舰店
官方微博 http://weibo.com/2119887771
北京兰星球彩色印刷有限公司印刷　各地新华书店经销
2021 年 12 月第 1 版　2024年2月第2次印刷
开本：880 × 1230　1 / 16　印张：16
字数：260 千字　定价：88.00 元

致 谢

参与本书资料收集工作的人员及其承担任务如下：研究生李世豪参与了第三章国内数字人文研究现状分析的信息计量分析、第十三章图书馆参与数字人文教育的资料收集和案例分析、第十四章数字人文背景下图书馆知识服务的资料收集工作；研究生刘清华参与了第六章图书馆数字人文基础设施建设、第七章面向数字人文的图书馆开放数据平台建设的资料收集工作。在本书的撰写过程中，参考了大量的文献资料，借鉴和吸收了国内外学者的许多优秀成果，在参考文献部分尽可能做了体现以表谢忱，如有遗漏，敬请海涵。

目录

Contents

绪 论

研究背景

大数据、云计算、人工智能等数字技术与人文研究的结合催生出“数字人文”的全新研究范式。自2001年“数字人文”（digital humanities）概念被首次提出以来，在短短的二十年时间内即受到全球学者的关注。在中国，数字人文浪潮正在形成。2019年11月17日，光明日报报道“数字人文时代将来临”，指出数字人文已经构成了一个全新的环境。展望未来，随着数字人文时代的来临，我们将在“全数字化”环境中从事人文研究与传播，在“全人文化”环境中从事数字技术的开发与应用。2014年美国研究图书馆协会（ACRL）发布了《研究型图书馆发展趋势》报告，将数字人文列为研究型图书馆七大发展趋势之一，认为研究型图书馆可以在支持人文学者研究中扮演关键角色。

在中国，数字人文浪潮正在形成，由于数字人文涉及对数据和信息的处理，因此，图书情报与档案管理学科以及相关的图书馆、档案馆、博物馆等机构是中国数字人文理论和实践的主要参与力量。图情档领域参与数字人文有多方面动因和优势，人文学科资源比较丰富，文献资源数字化开发的目标和方法等与数字人文有相似的目标，对人文学者的学术类需求有充分的把握，熟悉掌握信息技术和信息分析方法。

图情档视野下的数字人文包含数字人文领域的原生基本问题，如数字人文的概念、功能、特点、基础设施与工具、实施方法等，也有图书情报档案角度的独特数字人文研究视角，如图情档在数字人文中的定位，图书馆、档案馆、博物馆等服务机构的功能扩展，文献资源的整合和数字信息资源的开发等。数字人文的兴起为图书馆发展带来新的契机，图书馆界已就如何参与并支持数字人文发展开展研究与探索。但是，在人文学者数据库建设过程中，图书馆还存在缺位现象；图书馆在从事数字人文研究与实践过程中，也缺少和人文学者进行有效的沟通，未能充分把握人文学者的需求，从而不能真正为人文研究服务。因此数字人文视域下的图书馆资源建设和服务模式变革，成为重中之重。

国内外相关研究评述

数字人文经历了以下研究阶段：第一，人文计算阶段。起源于1949年，计算机技术应用于阿奎那文本结构分析，人文计算的重点在于开发工具，使研究对象数据化，进而使用工具对数据化后的对象进行研究。这一阶段最基本、最重要的研究对象是“文本”。第二，人文计算向数字人文的演进阶段。20世纪90年代起，随着互联网技术的发展，人文计算从计算语言学向各个学科蔓延，开始向数字人文演进。第三，数字人文发展阶段。2001年，数字人文概念被正式提出。大数据、语义网、机器学习、GIS、数据可视化、VR/AR 等技术被广泛应用，引入了远距离阅读、开源、众包等理念，对提供研究基础设施的图书馆的资源收集、保存、组织和服务提出了新的需求，也带来了机遇和挑战。数据密集、工具支持、跨界合作是数字人文研究的标签，图书馆嵌入式数字人文建设和服务的研究任重道远。

国外已发表的有关图书馆数字人文的研究，主要集中在如何把图书馆的基础设施和图书馆人员最好地融入数字人文的研究。大致包括以下三个方面：

① 图书馆与数字人文的内在关联研究。提博尔·科尔泰（Tibor Koltay）[1] 指出图书馆学信息科学（LIS）和数字人文学科都对研究记录信息感兴趣，并且经常共享制度框架；香农（Shannon）等[2] 指出学术图书馆可以利用已建立的图书馆价值和优势来支持数字人文研究；鲁皮克·里萨姆（Roopika Risam）等[3] 指出图书馆在数字人文领域发挥着重要作用。

② 图书馆数字人文建设与服务的策略研究。波列姆斯基（Molly D. Poremski）[4] 指出图书馆可以从“外联、项目管理、内容选择和数字化”等方面提供数字人文服务；柯里尔（Currier）等[5] 探讨了公共服务图书馆员、技术服务图书馆员和行政图书

---

[1] Tibor Koltay，（2016）“Library and information science and the digital humanities：Perceived and real strengths and weaknesses”，Journal of Documentation，Vol. 72 Issue：4，pp.781–792.

[2] Shannon Lucky，Craig Harkema，（2018）“Back to basics：Supporting digital humanities and community collaboration using the core strength of the academic library”，Digital Library Perspectives，Vol. 34 Issue：3，pp.188–199.

[3] Roopika Risam，Justin Snow & Susan Edwards（2017）Building an ethical digital humanities community：Librarian，faculty，and student collaboration，College & Undergraduate Libraries，24：2–4，337–349.

[4] Molly Dahl Poremski（2017）Evaluating the landscape of digital humanities librarianship，College & Undergraduate Libraries，24：2–4，140–154.

[5] Currier，Rafia Mirza & Jeff Downing（2017）：They think all of this is new：Leveraging librarians' project management skills for the digital humanities，College & Undergraduate Libraries.

馆员的技能如何与数字人文项目管理相结合。

③ 图书馆数字人文服务的障碍研究。普尔（Poole）等[1]、波列姆斯基等指出将图书馆事业纳入数字人文研究过程充满了挑战。最常见的障碍是缺乏资源、支持网络和培训机会使得图书馆员能够更多地参与数字人文学科。这使得图书馆员陷入困境，试图将自己定义为数字人文学者和图书馆员，而没有足够的资源真正参与数字人文活动。

目前，我国数字人文研究与实践刚起步，图情档学科在数字人文研究中占据着主导地位，已有学者对国外实践案例进行了研究，试图通过国外经典案例的研究，推动我国高校图书馆数字人文实践的发展。国内相关研究主要包括以下内容：

① 国外高校图书馆数字人文服务介绍与借鉴。田燕飞等[2]选取美国10家高校图书馆，总结美国高校图书馆数字人文服务的特点及对我国的启示；苏敏等[3]调查了世界大学综合排名前20名的美国高校图书馆，给出了我国高校图书馆在建设数字人文馆员队伍时的建议；唐乐[4]以耶鲁大学图书馆数字人文服务实践为研究对象，就经费使用及人员构成、服务内容及校内外合作、科研项目与奖学金资助、评估反思与对外学习交流等方面进行调查分析。

② 图书馆数字人文服务理论研究。偏重理论层的分析，着眼于从人文、管理、技术等维度探讨，夏翠娟[5]指出了数字人文带来的图书馆服务方向的拓展。刘炜等[6]讨论了图书馆传统文献学中书目控制和文献循证两种方法能够对数字人文研究带来的巨大

---

[1] Alex H. Poole，Deborah A. Garwood，（2018）“‘Natural allies’：Librarians，archivists，and big data in international digital humanities project work”，Journal of Documentation，Vol. 74 Issue：4，pp.804–826.

[2] 田燕飞，盛小平 . 美国高校图书馆数字人文服务研究及启示［J］. 图书馆工作与研究，2019（8）：32–40.

[3] 苏敏，许春漫 . 美国高校图书馆数字人文馆员队伍建设及启示［J］. 图书馆建设，2018（11）：28–35.

[4] 唐乐 . 耶鲁大学图书馆的数字人文服务实践［J］. 图书馆论坛，2019，39（6）：10–18.

[5] 夏翠娟 . 数字人文之热浪潮与冷思考［J］. 图书情报知识，2019（2）：2.

[6] 刘炜，林海青，夏翠娟 . 数字人文研究的图书馆学方法：书目控制与文献循证［J］. 大学图书馆学报，2018，36（5）：116–123.

作用。谢欢[1]研究了图书情报学在数字人文中的角色与地位；赖永忠[2]指出图书馆具备支持数字人文研究与实践的逻辑统一性和可行性。

③ 图书馆数字人文服务实践研究。张卫东等[3]设计构建了面向数字人文的馆藏资源可视化模型。周晨[4]从明确定位、资源整合、服务评估及人才培养 4 个层面提出图书馆数字人文建设的发展路径；汪莉[5]提出高校图书馆亟须回归数字人文价值理念，促进数字人文在图书馆的可持续发展；杨滋荣等[6]指出图书馆可以在资源导航、工具应用、项目维护、数字保存、元数据管理、版权指导、学术评价及数字出版等方面为数字人文发展提供支持；王新雨[7]从丰富知识服务产品形态、优化文献资源整合、发挥数字人文馆员作用等方面提出面向数字人文的知识服务策略。

综上所述，图书馆数字人文已经成为新的研究热点，国内学者提出了一些有益的观点，但整体上还处在初步探索阶段，尚未深入系统地解决图书馆嵌入式数字人文建设和服务的问题：首先，理论研究深度不足。对图书馆和数字人文的关系梳理，蕴含其中的原理的归纳和总结还不够，未形成完善的图书馆数字人文服务理论体系。其次，实践研究需要加强。当前对我国图书馆数字人文的研究多通过介绍国外的经验，提出我国图书馆数字人文建设和服务的建议，针对我国数字人文发展的需求和现状的调查不够深入，不能有针对性地提出策略。无论是更多的实践数据收集还是更加全面深入的理论分析，抑或是将研究成果反哺于实践的设计与验证，都是未来的研究需进一步完善之处。

---

[1] 谢欢 .“普罗米修斯之火”还是“达摩克利斯之剑”：数字人文与图书情报学的理性思考［J］. 图书情报知识，2019（1）：81-87.

[2] 赖永忠 . 面向数字人文的图书馆科研支持服务研究［J］. 图书馆工作与研究，2016（10）：28-32.

[3] 张卫东，左娜 . 面向数字人文的馆藏资源可视化研究［J］. 情报理论与实践，2018，41（9）：102-107.

[4] 周晨 . 大数据时代图书馆数字人文建设现状与发展路径［J］. 图书馆工作与研究，2018（6）：50-53.

[5] 汪莉 . 高校图书馆数字人文：跨学科合作的现实困境与对策研究［J］. 新世纪图书馆，2018（12）：9-14.

[6] 杨滋荣，熊回香，蒋合领 . 国外图书馆支持数字人文研究进展［J］. 图书情报工作，2016，60（24）：122-129.

[7] 王新雨 . 面向数字人文的图书馆知识服务模式研究［J］. 图书馆工作与研究，2019（8）：71-76.

学术价值和应用价值

学术价值：以数据与信息为载体，图书馆可以为数字人文创造技术与人文简单叠加之外的无限空间。循着近年理论、实践喷薄的探索踪迹，图书馆数字人文呈现多样化的发展可能性，亟待培育新维度的生命线。这并非一蹴而就的节点，更亟待丰沛的研究。当前关于图书馆数字人文服务的研究主要侧重于对国外应用经验的介绍和学习，基本理论研究缺乏突破性的进展。本书试图厘清图书情报学与数字人文发展的内在关联，以及数字人文发展对图书馆、图书馆员和图书馆学的启示，构建图书馆数字人文建设和服务的基本理论，有助于双向建构图书馆和数字人文的理论体系。

应用价值：数字人文的发展为图书馆学跳出图书研究本身，将图书馆学与文明史、科技史和社会史紧密结合提供了新的视角。我国图书馆数字人文研究起步较晚，研究深度和层次大多停留在国外经验借鉴阶段，本研究试图提出针对我国图书馆数字人文的发展策略，促进图书馆结合资源优势和专业优势，促进跨机构的资源整合、跨领域的知识融通和跨网域的开放获取，通过近距离倾听研究者的需求，深入了解不同领域典型的需求场景，切实地做好支撑和服务，为图书馆数字人文服务实践提供有效的操作模式。

第一章
数字人文概念系统

1.1 数字人文的发展历程

1.1.1 国外数字人文发展历程

从罗伯托·布萨的《阿奎那索引》(始于1949年)开始,人文计算就以前所未有的规模专注于文本数据,为数字人文奠定了基础。在随后的几十年里,考古学、艺术史、古典文学、历史、词典学、文学研究、音乐、表演艺术、哲学和宗教等领域的学者开始加入数字化的工作。数字人文(Digital Humanities)作为一个学科名称和专业术语,是从人文计算(Humanities Computing)发展而来的。早期的人文计算发端于文学和语言学领域。

1963年,国家人文委员会颁布了一项与1950年成立的国家科学基金会相呼应的人文倡议。也是在那一年,剑桥大学建立了文学和语言计算中心。1964年,美国约克敦海茨(Yorktown Heights)举办了关于计算机和文学的会议;耶鲁大学和普渡大学也在1965纷纷效仿。最后,《计算机与人文》杂志于1966年首次出版。

人文计算领域出现的首篇文章是杜罗(Duro)在1968年发表的《意大利的人文计算活动》(*Humanities Computing Activities in Italy*)[1]。该文描述了人文计算领域的先驱——意大利著名人文学者罗伯托·布萨(Roberto Busa)在20世纪40年代开始

[1] Duro A. Humanities computing activities in Italy [J]. Computers & the Humanities, 1968.

利用计算机分析文学文本，将计算机作为人文研究和社会科学的一种辅助手段。该研究表明数字人文的产生本质上属于一种方法论和研究范式的创新，其目标是将现代信息技术融入传统的人文研究与教学过程中，从而在根本上改变人文知识的获取、标注、比较、取样、阐释与表现方式。[1]

但那时和现在一样，怀疑论者很容易出现。例如，在1965年的耶鲁会议上，历史学家巴尔赞（Barzun）就批评人文学者“用一种类似伪计算机的方法摧毁了他们自己的研究主题，现在他们只能怪自己了。”[2]他补充说，“现在，优秀的评论家已经一次又一次地证明，计算莎士比亚作品中某个特定形象或隐喻出现的频率，除了用于索引构建之外，什么也证明不了。”

与此同时，1965年秋天，林登·约翰逊总统签署了1965年《国家艺术与人文基金会法案》，使之成为法律。国家人文学科理事会于1966年夏天颁发了第一笔基金，第一年资助了5个人文计算/数字人文项目。

1970年代、1980年代和1990年代早期开始出现了合并。例如，文学与语言学计算协会（The Association of Literary and Linguistic Computing）于1973年成立，随后计算机与人文科学协会于1978年成立。有关人文计算的研究中心、会议、期刊和课程激增。此后，人文计算研究的队伍日益壮大，研究对象的形式也从电子文本逐渐扩展到多媒体。

从20世纪80年代中期开始，个人电脑在这一领域吸引了新的追随者。除了进行文字处理和电子邮件处理，还取得了一些其他的进步，包括文本分析程序，标准通用标记语言（SGML），《文学与语言学计算》（*Literary and Linguistic Computing*）期刊于1986年建立和首次发行，以及1987年文本编码倡议（TEI）的诞生。

随之而来的是，更多的专业项目和专业机构出现了：普林斯顿大学和罗格斯大学的人文电子文本中心（CETH）（1991年），弗吉尼亚大学的电子文本中心（1992年）及其人文科学高级技术学院（1993年），乔治·梅森大学的历史与新媒体中心（1994年），密歇根大学的数字图书馆计划（1996年）和马里兰人文技术学院（1999年）。

---

[1] Susan S，Ray S，John U. A Companion To Digital Humanities[M]. Blackwell Publishing，2004.

[2] Brewster K J ，Barzun J，Abelson R P，et al.，1965. A Panel Discussion. In：Computers for the Humanities？. New Haven：Yale University Press，pp. 145-158.

20世纪90年代初期，人文计算作为一个独立的交叉学科逐渐成形。1999年，麦卡蒂（McCarty）讨论了人文计算作为一个独立的学科与其他学科的关系[1]，以及如何在制度和学术层面来为人文计算活动提供切实的保障和支撑。

90年代后期，人文学者开始越来越频繁和深入地使用各种新型的数字技术处理人文资料，并进行人文知识生产，如创作电子文本、扫描古籍图书和绘本、使用虚拟技术复原古建筑模型和历史上的都市、开发和建设各种在线的声视频数据库等。人文知识的可计算性快速从文学和语言学领域向历史、音乐、艺术学等多个领域扩展。在这一进程中，数字原生数据越来越多，如数字地图、计算机图像、在线网页、虚拟人物等，它们的产生极大地丰富了人文研究的对象，同时也对人文计算的定义产生了深刻影响。

以数据库工具为基础，所谓的第一波数字人文计划始于1980年代后期，并一直持续到2000年代初。除了数字化材料外，相关项目还着重于文本分析、分类、语言学和教育[2]。相关活动包括可视化、地理空间表示、模拟和网络分析。

互联网的快速普及也给人文研究带来了重大变革。互联网不仅改变了人类社会的生存环境，也促使人文研究的基础从印刷文本向超文本全面转型，各种用于人文知识共享的学科门户纷纷建立，由此导致人文知识的创作、传播和共享都呈现出网络化趋势。在此过程中，很多人文学者开始使用含义更为丰富的“数字人文”这个学术术语代替范围较为狭窄的“人文计算”，以凸显其学科范围的扩展和研究活动的数字化烙印[3]。

Web 2.0引入了新的工具，并促进了生产者与使用者之间关系的多对多模型。随之而来的是互动性和用户参与度的增加，以及对网络、定制和协作的加大投入。伯迪克（Burdick）等（2012年）指出，Web 2.0展示了“由社会结构、生产方式和文

---

[1] McCarty，Willard. Humanities computing as interdiscipline. Is Humanities Computing an Academic Discipline？ Paper delivered at IATH，University of Virginia. 5 November 1999. https：//iath.virginia.edu/hcs/mccarty.html.

[2] Hockey，S.，2004. The History of Humanities Computing. In：S. Schreibman，R. Siemens & J. Unsworth，eds. A Companion to Digital Humanities. Oxford：Blackwell.

[3] Wang Xiaoguang，Mitsuyuki Inaba. Co-word Analysis of Research Topics in Digital Humanities. In Proceedings of the International Conference of Digital Humanities 2009（PP：148-150），USA：2009.6.

化形态所定义的经济的出现，这种经济改变了信息的产生和交换方式，从而实现了分散、共享、协作和扩散的全球网络世界”❶。

2005年，人文计算领域影响力最大的文学与语言学计算协会（The Association of Literary and Linguistic Computing）、人文领域计算机应用联合会（The Association for Computers in the Humanities）和数字人文学会（The Society for Digital Humanities）还联合组成了国际上最大的数字人文联盟组织——国际数字人文组织联盟（The Alliance of Digital Humanities Organizations）❷。该联盟每年召开一次数字人文年度大会。2007年成立了国际数字人文中心网络（centerNet）❸。

2001年4月，布莱克维尔出版社（Blackwell Publishing）首次出版了一部以“数字人文”为书名的图书《数字人文指南》（*Companion to Digital Humanities*）。

正如Web 2.0在2000年代中期开始兴起一样，数字人文学科也继续发展新的举措，例如，人文、艺术、科学和技术联盟与协作组织（HASTAC，2002年），《数字人文指南》（2004年）。美国人文社会科学理事会人文与社会科学网络基础设施委员会的报告（2006年），国家人文基金会赞助的数字人文办公室（ODH，2006年），国际数字人文中心网络（CenterNet，2007年），数字人文季刊（Digital Humanities Quarterly，2007年），以及报告《一种文化：人文与社会科学的计算密集型研究》（2012年）。

1.1.2　国内数字人文发展历程

从地理上看，数字人文的影响已经从北美和欧洲传播到亚洲，尤其是中国，中国有着悠久的历史和丰富的文化遗产，近年来一直是数字人文学术成果的摇篮，在数字人文领域不容小觑。

在中国，数字人文的起源可以追溯到2009年，当时学术对话首次出现在同行评议的学术出版物、讲座、研讨会和会议上。数字人文在中国的出现和发展很大程度上受到了早期国外数字人文专著的影响，如《人文计算》（*Humanities*

❶ Burdick A，Drucker J，Lunenfeld P，et，al.，2012. Digital_Humanities. Cambridge：MIT Press.

❷ Alliance of Digital Humanities Organizations，ADHO [EB/OL]. [2020-04-05].https：//adho.org/.

❸ CenterNet [EB/OL].[2020-04-05]. http：//dhcenternet.org/.

Computing)❶、《数字人文搭档》(*A Companion to Digital Humanities*)❷、《数字人文之辩》(*Debates in the Digital Humanities*)❸和《理解数字人文》(*Understanding Digital Humanities*)❹。除此之外，一些著名的DH项目，如威尼斯时光机（Venice Time Machine）、书信共和国图谱（Mapping the Republic of Letters）、关联爵士（Linked Jazz）、欧洲数字图书馆（Europeana）等，也被介绍到中国。研究的重点是概念、目的、方法以及技术和工具。

我国大陆最先提出数字人文概念的是武汉大学教授王晓光。2010年，他在“教育部人文社会科学研究方法创新论坛”论文集上发表《“数字人文”的产生、发展与前沿·方法创新与哲学社会科学发展》一文，从此数字人文的概念被国内更多学者所熟知，也掀起了数字人文研究的热潮。

2011年全国首个数字人文研究中心落户武大。2018年，国际数字人文中心网络（centerNet）正式将武汉大学数字人文研究中心纳入其成员单位。数字人文centerNet是面向数字人文研究与协作的国际性科研组织，由美国马里兰大学在2007年创建，已有两百多家学术机构加入，其成员单位包括美国哈佛大学、布朗大学，英国剑桥大学等诸多一流高校的数字人文研究机构。

上海图书馆于2014年举办了数字人文与语义技术前沿论坛；北京大学图书馆于2015年召开了第一届数字人文国际论坛，后于2016年、2018年召开第二届、第三届数字人文国际论坛；2018年5月25日，中国社会科学情报学会数字人文专业委员会成立。

2019年7月4日—7日，敦煌（DH2019）文化遗产数字化国际研讨会暨中国社会科学情报学会数字人文专委会学术年会在敦煌莫高窟召开。会议由敦煌研究院和中国社会科学情报学会数字人文专业委员会主办。与会专家学者围绕文化遗产数字化理论、方法与技术，面向数字人文的信息组织与知识组织，基于文化遗产数字资

❶ McCarty，Willard. 2003. Humanities Computing. New York：Marcel Dekker Press.

❷ Schreibman，Susan，Ray Siemens，et al.，eds. 2004. A Companion to Digital Humanities. Oxford：Blackwell. http：//www.digitalhumanities.org/companion/.

❸ Gold，Matthew K. 2012. Debates in the Digital Humanities. Minneapolis：University of Minnesota Press. http：//dhdebates.gc.cuny.edu/debates/part/9.

❹ Berry，David M. 2012. Understanding Digital Humanities. New York：Palgrave Macmillan.

源的数字人文研究，人文社科智慧数据建设与管理，文化遗产知识图谱构建与应用，文化遗产领域的关联数据发布，文化遗产大数据语义表示、语义增强、数据模型，以及文化遗产数字资源的开放获取与长期保存等8个议题展开了讨论。

2019年12月14日，由清华大学图书馆提供支持、《数字人文》编辑部主办的《数字人文》创刊仪式暨北京数字人文国际工作坊在清华大学图书馆报告厅顺利开幕。《数字人文》由清华大学、中华书局联合主办，为中英双语季刊，是中国大陆首家数字人文领域专业期刊，旨在为数字人文本土实践提供平台支持，积极建构国际学术对话新格局。

2020年7月31日，由中国人民大学信息资源管理学院、中国人民大学书报资料中心合办的数字人文专业学术期刊《数字人文研究》获得国家新闻出版署批准在国内外公开发行。《数字人文研究》的出版单位为中国人民大学书报资料中心，中国人民大学数字人文研究中心具体承担相关工作。办刊宗旨为：坚持正确的舆论导向和办刊方向，立足国际学术前沿，推动数字人文研究发展，搭建学术交流平台，促进人文科技融合发展。

2020年9月22日，中国人民大学研究生招生办公室发布《中国人民大学2021年招收硕士研究生全国统考专业目录》，信息资源管理学院在图书情报与档案管理一级学科下自设的专业数字人文（代码为1205Z3）正式进入招生目录，于2020年秋季正式开始招生。

中国人民大学信息资源管理学院新设的数字人文硕士学位是国内第一个数字人文的学术型硕士学位项目，具有学科持续发展的开创价值和创新人才培养的标杆意义。数字人文硕士学位依托中国人民大学信息资源管理学院在国内率先建立的数字人文“研究—实践—教育”三位一体平台，是学院探索拔尖创新人才培养和研究生教育改革、建设世界一流学科、服务国家文化战略和新文科建设的战略举措。

数字人文硕士学位设置了数字记忆、人文数据建构与可视化、数字人文应用技术等三个特色研究方向，采用“研究—实践—教育”三位一体培养模式，课程体系融合信息资源管理学院、历史学院、国学院、艺术学院、法学院、环境学院等相关学科特色，凸显交叉学科性质，课程体系划分为人文学科基础板块、数字人文基础板块、数字文化产业板块和数字人文应用技术板块。

深度聚焦数字人文的中国问题，以“积淀与超越：数字人文与中华文化（Benevolence and Excellence：Digital Humanities and Chinese Culture）”为主题的2020数字人文年会于2020年10月19日—2020年10月21日在上海举行。

本次会议主题充分体现了数字人文建设与中华文化传承的密切关联。论坛的主旨报告从不同层面和角度呼应并深化了会议主题，同时聚焦数字环境下传统文献服务创新转型的理念和实践等方面，深度诠释了“数字人文研究”推动“中华文化传承”的重大意义和积极探索。通过本次会议，大家探讨了全球数字人文领域的先进理念和方法，交流分享了业界同行的实践经验和研究成果。

2020年10月，上海图书馆建成历史人文大数据平台，利用语义网、关联数据、知识图谱、大数据、机器学习、GIS、可视化等新技术，引入用户贡献内容的众包理念，支撑计量统计、文本分析、社会网络关系分析、时空分析等新的数字人文研究范式和新的知识交流模式，以支撑不同人文学科研究的应用场景。

集合古籍、家谱、名人档案、手稿、图像影音，以及近现代图书、报纸、期刊资源等极具特色的馆藏文献，成为记忆的载体和研究的资料。大规模、全量级、多种类的文献资源汇聚在一起，与人、地、时、事等语义知识库关联起来，建设数据基础设施、形成多重参照体系，为研究者提供发现新问题的沃土、解决老问题的新工具。

1.2 数字人文的概念和范围

数字人文的多样性源于学科和机构的多样性，以及它们与信息技术的各种联系。信息技术构成了工具、研究对象、媒介、实验室或行动主义的载体。数字人文的中心和边界仍然具有不确定性[1]。

因此，定义数字人文学科仍然存在很大的问题。如今，数字人文似乎可以指任何东西，从媒体研究到电子艺术，从数据挖掘到教育技术，从学术注释到学术博客，相关人员包括了数字艺术家、标准专家、游戏理论家、自由文化倡导者、档案管理员、图书管理员等。最后，从事数字人文工作的学者可能会抵制自我认同为数字人文学者。

广义“数字人文”概念的典型解释可参见维基百科词条：数字人文（Digital Humanities）是计算或数字技术与人文学科交叉的学术活动领域。它包括系统地使用人文科学中的数字资源，以及对其应用的反思。数字人文可以被定义为进行学术研究的新方式，涉及协作、跨学科与计算参与的研究、教学和出版。它为人文学科的研究带来了数字工具和方法，印刷文字不再是知识生产和分配的主要媒介[2]。这一宽

---

[1] McCarty W，2016. Becoming Interdisciplinary. In：S. Schreibman，R. Siemens & J. Unsworth，eds. A New Companion to Digital Humanities . West Sussex，UK：Wiley Blackwell，pp. 69-83.

[2] Digital humanities（DH）[EB /OL]. [2020—06—01] .https：/ /en. wikipedia. org/wiki/Digital humanities.

泛的解释就是人们常说的“大帐篷”（Big Tent）定义。

如上所述，数字人文研究面临着各种各样的挑战，如定义、范围、包容性、批评以及在学术交流基础设施和高等教育机构中的地位。其中六个数字人文领域最受关注的问题包括跨学科、协作、网络基础设施、项目管理、可持续性和教育。

（1）跨学科

跨学科的关键在于整合至少两个学科的知识来解决一个研究问题。在人文学科内部、外部和自身学科形成的过程中，数字技术推动了各种问题和挑战的边界。斯文松（Svensson）和戈德伯（Goldber）[1]阐述道：“当今数字人文学科所进行的最有趣和创新的工作，与其说是作为一个自我封装、自我信息和自我引用的学科的离散自我形成，不如说是采用数字的形式，推动融合人文学科的各种问题和挑战的边界。”

跨学科工作是非常困难的，首先是因为合作者对如何处理研究问题和进行实际工作的不同态度，其次是因为利益相关者在合作期间而不是在合作之前制定目标，所以需要持续的重新谈判。

（2）协作

数字人文参与者的工作代替了过去人文学者的单打独斗的陈旧观念。罗肯巴赫（Rockenbach）[2]认为协作是数字人文学科的支点。协作的核心是对语言和术语、方法、理论、任务和工作流程、价值、目标和结果的共同理解。为了实现合理的合作，研究团队需要培养信任，并通过沟通最终达成共识。更具体点来说，他们需要安排会议，分配任务，共享信息和文件，并达成共识[3]。

然而许多合作并没有取得预期的效果。尽管有规矩约束，但挑战包括个性、沟通和协调、平等的贡献、责任、培训和持续的资金等。相对来说，以共享数据或工具为核心的合作项目似乎比那些依赖共享知识的项目更容易产生效果。

---

[1] Svensson P.，Goldberg D T.，2015. Introduction. In：P. Svensson & D. T. Goldberg，eds. Btween Humanities and the Digital. Cambridge：MIT Press，pp. 1–8.

[2] Rockenbach B，2013. Introduction. Journal of Library Administration，53（1），pp.1–9.

[3] Siemens L，2009. It's a Team if You Use 'Reply All'：An Exploration of Research Teams in Digital Humanities Environments. Literary and Linguistic Computing，24（2），pp. 225–233.

（3）网络基础设施

与合作一样，基础设施允许数字人文学科在领域内外延伸。网络基础设施由“信息、专业知识、标准、政策、工具和服务层组成，这些信息、专业知识、标准、政策、工具和服务在社区中广泛共享，但为特定的学术目的而开发”。它解决了两种共同需求：处理数据量和呈现可访问的内容。

各类机构持有的一手资料的集合；参考书目、查找辅助、搜索系统和索引；标准；编目和分类系统；期刊和大学出版社；编辑、图书管理员、档案管理员将信息与使用它的学者联系起来——所有这些都可能是网络基础设施的一部分。

整合资源和基础设施，提供无缝服务是一个艰巨的挑战。基础设施永远动态变化，因此总是需要进一步的资源来呈现可扩展和可持续的内容。一个有效的网络基础设施可以作为公共产品使用，可以互操作，可以协作，可以促进实验，是可持续的，它还有助于项目管理。

（4）项目管理

数字人文项目依赖于熟练的项目管理，因为人力资源总是数字人文项目开发中最昂贵的部分。计划、内容创建、技术开发、技术维护、保存、传播和存储——所有这些都需要管理。

协作项目工作在资金、时间安排、团队动态和所处理的问题方面都是可变的。大多数人文学者缺乏对项目管理的正式准备，因此常见的失败包括日程安排、没有可交付成果或缺少领导。

项目管理技能包括组织、计划和跟进，优先级、授权管理、人力资源和解决冲突的方法。通常被描述为“软”或隐性技能，成功的项目需要与教师沟通，与校园单位合作，投资技术人员和规模解决方案。

（5）可持续性

高等教育机构越来越接受基于盈利能力的企业模式。可持续性问题变得更加紧迫；资助机构敦促执行者关注保护和可持续性问题。越来越多的数字人文参与者不仅使用数字工具和收藏数字工具，而且还创造数字工具。许多数字人文开发项目（无论是自己开发还是与他人合作），希望他们的项目面向公众，可以让大众共享。

（6）教育

尽管数字人文学科继续激增，但一个共同的课程——更不用说最佳实践——还没有整合起来。教育学的研究也不成熟，没有受到利益相关者的足够关注，尽管教育在建立和巩固一个学术领域或学科方面至关重要。

学习具有前所未有的社会性。数字媒体的存在削弱了长期存在的关于作者、观众、作品的统一和最终结果的教学边界。教育越来越提倡参与式学习，将学习作为过程，而不一定是最终产品。

一些数字人文学者抛弃了传统的考试、论文和讲座的教育形式，不仅鼓励学生公开作品，还鼓励他们整合图像、声音和实体。更广泛地说，基于项目的学习允许学生在最普遍的情况下进行知识学习和知识生产。

最好的数字人文教学突出了对实验和失败的开放态度，避免说教，突出学生参与研究、批评和探索知识来源。目标是建立一个“课堂外”的课堂，在这个课堂中，教师是组织者，期望的结果包括技术能力、信息素养和协作技能。理想情况下，学生入学时并不是带着答案，而是带着更多的问题，向终生学习方式转变。

1.3　数字人文理解维度

从国内外的研究及实践来看，对于数字人文的理解，大致可以归纳为如下四种。

（1）作为一门学科的数字人文

从目前的实践来看，英国、美国、加拿大等诸多国家已经设置了数字人文的课程或学位，特别是英国伦敦国王学院还于 2011 年成立了专门的数字人文系，并开展硕士、博士学位教育。除了专门的系科、课程之外，相关的专业组织、学术期刊也逐渐涌现。从学科的角度来理解数字人文，即是将数字人文看作是“结合了数字科技与人文研究的一门学问”[1]，主要关注数字人文的规划、实践、教学、人才培养等问题。

（2）作为一种研究方法的数字人文

同调查问卷、统计、比较等研究方法一样，数字人文被看成是一种研究方法。相比于其他研究方法，数字人文更多的依赖计算机技术和方法。是一种数字方法人文研究领域的运用，但其根本问题还是人文研究，结合各个学科的传统研究理路。

（3）作为一种学术空间的数字人文

数字人文的典型特征是跨学科性、协作性，每个学科都可以参与其中，数字人文“就像一座高耸的学术大厦，历史、文学、计算机等不同学科就像是这座大厦中

---

❶ 林富士．“数位人文学”白皮书［M］．台北：中央研究院数位文化中心，2017：1–36.

的房间，这些不同的房间共同构建了这座大厦”。[1]作为学术社区的数字人文，关注跨学科合作，打破学科界限，通过不同学科之间的协作，共同构建一种新的学术空间。

（4）作为一种实践的数字人文

许多参与者认为数字人文是一种具体的实践，通过数字技术的运用，最终要产生一些具体的产品。

不同的理解方法不是相互孤立的，存在着相互的交叉融合。数字人文的概念和维度还存在不确定性，但是数字人文的典型特征已经显现出来，如跨学科性、协作性、实践性等。

[1] 王涛．“数字史学”：现状、问题与展望［J］．江海学刊，2017（2）：172-176.

1.4　数字人文与图书馆

图书馆和图书馆员也可以参与数字人文工作。数字人文扎根于图书馆（更小程度上，在档案馆）。波斯纳（Posner）观察到，一个又一个图书馆都在推出针对数字人文的支持。这种支持可能包括一个“中心”、一套“服务”、一个改过头衔的图书管理员[1]。但数字人文领域的发展速度超过现有的管理和技术基础设施。沿着这些思路，罗肯巴赫（Rockenbach）解释道：“数字人文是混乱的。它包含了不确定性、深度合作以及传统图书馆文化所不具备的灵活性[2]”。在图书馆进行数字人文的潜在挑战包括缺乏培训、激励或资源，基础设施不灵活，工作分散，协作挑战或缺乏管理者支持。

许多传统图书馆员具有适合数字人文工作的技能。提供了一些数字学术服务，扫描、编辑、书目管理以及地理信息系统（GIS）。图书馆员可以充当内容创建者和提供者，提供可持续性、可获取性和针对性的策展人、指导者和顾问。图书馆和图书馆员的成功策略包括通过社交媒体和专业组织的参与、发挥咨询和指导等图书馆优势开展数字人文工作[3]。

---

[1] Posner M，2013. No Half Measures：Overcoming Common Challenges to Doing Digital Humanities in the Library. Journal of Library Administration，53（1），pp. 43-52.

[2] Rockenbach B，2013. Introduction. Journal of Library Administration，53（1），pp. 1-9.

[3] Varner S，Hswe P，2016. Special Report：Digital Humanities in Libraries. American Libraries，4 January.

科尔泰（Koltay）断言："图书情报学和数字人文会'相遇'，它们在共同的认识论层面上具有共同的界面，并且应该具有更多的共同兴趣。[1]"

数字人文与图书情报学具有八个基本假设[2]。第一，利益相关者很难界定这两个领域。第二，就像图书情报学一样，数字人文学科既是一门学科，也是一种专业实践。第三，没有任何一个思想范式可以主宰数字人文或图书情报学。两个学科都从人文科学和社会科学方面明智地借鉴。第四，两个学科都涉及整个信息行为。第五，正如信息和图书馆科学分散在学术部门和附属机构中一样，数字人文科学也是如此。第六，它们共享许多有趣的主题，图书情报期刊经常发表数字人文著作。第七，图书情报课程越来越多地包含数字人文含量。第八，这两个领域都对其合法性和生存能力抱有特殊的关注，共生的潜力很明显。

---

❶ Koltay T，2016. Library and Information Science and the Digital Humanities：Perceived and Real Strengths and Weaknesses. Journal of Documentation，72（4），pp. 781-792.

❷ Robinson L，Priego E，Bawden D，2015. Library and Information Science and Digital Humanities：Two Disciplines，Joint Future？. Zadaar，Croatia，Verlag Werner Hulsbusch，pp. 44-54.

1.5 数字人文包含的工作

数字人文包含十种互补的工作模式：数字化、众包、档案和数据库、数字策展、文本、编辑、可视化、地理空间、游戏和编码。各种工具是这些实践的基础。

（1）数字化

数字化构成“创建印刷品的计算机表示形式”。琼斯（Jones）提出了对数字化的更广泛定义，即“经过复杂协商的一系列人与机器翻译……将数据层添加到现有的物理材料中，然后通过与机器和人之间的互动随着时间的流逝而完善”[1]。数字化的理想对象包括文档、视觉和三维材料以及基于时间的媒体。

数字化允许重新出版或显示绝版材料或以前无法访问的格式的材料，实现集合的整合、统一、可搜索性、用户的参与、众包、远程访问和机构可见性。相反，数字化的潜在障碍包括版权、资金和机构支持、技术局限性（例如光学字符识别〔OCR〕错误）、缺乏标准以及材料的脆弱性。

（2）众包

人群的智慧意味着没有人知道一切，但每个人都知道某事。实际上，学者和非专业人士可以在全球范围内合作。人群可以协助创建、选择、录制、编辑、分类、标记、注释和语境化的内容，以解决问题和知识组织。这样的工作可以远程完成，

[1] Jones, S., 2014. The Emergence of the Digital Humanities. New York: Routledge.

并有可能削减成本。

然而，数字人文众包依然存在障碍，包括招募知识渊博且敬业的合作者，确保合理的质量以及权责、可靠性和信任度。尽管人们对可持续性感到担忧，但众包似乎已建立在数字人文科学中。

（3）档案和数据库

档案馆构成了数字人文的枢纽。档案工作者比以往任何时候都更加融合了协作者以及学者、编辑和出版者的角色。[❶]

数字人文的学者以极为不同的方式定义“档案”。他们最常将档案库定义为“非数字原始资料的数字副本的在线分组，通常由位于不同物理存储库或馆藏中的资料组成，有目的地选择和排列这些资料以支持学术目标”。一些学者将数据库视为“新”档案。数据库是数字人文的核心组成部分。

（4）数字策展

数字人文学者越来越意识到数字策展对他们的工作的重要性。但是数字人文学者通常采用比图书情报学者更狭义的数字策展定义。可以将数字管理视为一个总体术语，它涵盖了数字资产从创建到现在的管理，以确保当前和未来的价值。[❷]

不同的资源（语料库、标记文本、主题收藏、带注释的数据）要求不同的策展活动。策展包括准备和描述、注释、收集、存储、迁移和仿真以及持久的对象或技术保护。图书馆是至关重要的资源。

（5）文本：编码和标记、挖掘和分析

文本编码和标记可以表示所有类型的基于文本的对象。编码和标记将社会、历史和对话方面的问题集中在一起，以识别文档（或其组成部分），然后构建基于上下文的情景。

利用编码和标记的优势，数字人文学科鼓励采用新的阅读方式。传统的近距离阅读类似于“非常严肃地对待很少的文章”。相比之下，文本挖掘作为“远距离阅读”

❶ Clement，T.，2013. Toward a Notion of the Archive of the Future：Impressions of Practice by Librarians，Archivists，and Digital Humanities Scholars. Library Quarterly，83（2），pp. 112–130.

❷ Poole，A. H.，2016. The Conceptual Landscape of Digital Curation. Journal of Documentation，72（5），pp. 961–986.

的促进者，可能比传统方法更能代表文学文化。

文本挖掘包括了各种工具或技术（算法、方法），包括数据挖掘、机器学习、自然语言处理、人工智能、聚类、知识挖掘和文本分析、计算语言学、内容分析和情感分析等，以支持大量的文本（通常是大量的文档）来支持用户的决策。

文本挖掘使学者可以扫描大量数据集，然后将特定结果归纳以进行更深入的分析。因此，数字人文科学面临的主要挑战是调和远距离阅读和近距离阅读、文本挖掘与诠释学。

（6）学术编辑和数字版本

文字编辑代表了数字人文的长期基础。早期的数字版本有效地模仿了印刷结构，因此专注于“整个文本”。网络和传播从根本上改变了学术编辑：数字版本允许“优于印刷”版本。

数字版的成本低于传统的学术版，并且具有前所未有的代表性。它们也为编辑过程提供了新的途径，从而促进了作者和读者之间的协作。朱厄尔（Jewell）指出：“即使基本的知识问题是相同的，细节也明显不同。”[1]然而，到现在为止，知识和分析的严格性和专业性是必不可少的。

（7）可视化

近年来，可视化领域和数字人文领域的研究人员开始讨论这两个领域如何合作来推动各自领域的研究目标。在人文科学和社会科学中，已经开发了许多不同的研究方法来探究新知识。其中一些方法（如调查研究、可用性研究、案例研究和焦点小组）已经在可视化领域广泛使用，而其他一些方法（如内容分析和远程阅读）得到了可视化的广泛支持。

可视化和数字人文可将这两个领域的方法和实践结合在一起。当前有许多正在进行的可视化项目正在促进这种双向合作，涉及数字人文中的各种关键主题。这样的领域之一就是近距离阅读和远距离阅读的日益融合。近距离阅读是人文科学中对单个作品进行彻底阅读的传统做法，重点放在单个段落甚至单个单词上。相比之下，

---

[1] Jewell，A.，2008. Digital Editions：Scholarly Tradition in an Avant-Garde Medium. Documentary Editing，30，pp. 28-35.

远距离阅读使用“缩小”视图分析整个文本集合。

（8）地理空间

与其他数字人文工作（如文本挖掘）一样，创新的地理空间工作可以补充数字人文研究。普雷斯纳（Presner）和谢泼德（Shepard）指出，数字人文中的映射包括记忆、语言、文化、概念、社区和对应映射[1]。因此，任何学科都不可能避免解决空间问题。

空间与时间密切相关。在时间轴上直观地组织和呈现分层事件的挑战包括为用户提供上下文。然而，时间在数字人文学科中仍然未被充分研究，数字人文学科的学者们缺乏一种图形语言来表示时间性。

（9）游戏

游戏也是数字人文的新兴领域。玩家可以实时玩游戏，可以与多个地理位置分散的参与者互动。琼斯（Jones）解释说：电子游戏不仅是值得学术关注的重要文化媒介，而且对于数字人文尤其有价值，因为它们本质上是建模或仿真系统，而且是用于实验的模型[2]。游戏可以通过文本、图形、动画、音频、算法和触觉反馈来启用多种学习风格。

（10）编码

数字人文工作中应该编码。数字人文学科中编码是“基本”素养。

---

❶ Presner，T. & Shepard，D.，2016. Mapping the Geospatial Turn. In：S. Schreibman，R. Siemens & J. Unsworth，eds. A New Companion to Digital Humanities. West Sussex，UK：Wiley Blackwell，pp. 201–212.

❷ Jones，S.，2012. When Computers Read：Literary Analysis and Digital Technology. Bulletin of the American Society for Information Science and Technology，38（4），pp. 27–30.

第二章

国外数字人文研究现状分析

2.1 数据收集和分析工具

2.1.1 数据收集

Web of science（WOS）核心集为本研究文献来源，它覆盖了20000多种高质量期刊，可以追溯到1900年的14亿篇引用文献。WOS核心集合探索了科学、社会科学、艺术和人文学科中的深层引文联系，让研究人员可以探索学者在进行研究时建立的联系。

国外数字人文研究可以追溯到早期的人文计算，但是作为一个新的专业术语，它已经被提出和研究了二十多年。本研究更直接地关注“数字人文”本身。经过预分析和比较，将“digital humanities”和“digital humanity”作为主题词。文献类型包括文章、综述和会议文献。共收集到1889篇论文，其中文章占全部文献的78%（1474篇），最早发表于1998年。数据集最后一次更新是在2020年11月1日。

2.1.2 软件和工具

本研究使用了两种文献计量和可视化工具：Pajek和VOSviewer。VOSviewer特别关注科学知识的可视化表示。它以一种容易理解的方式构建和显示大型科学知识地图。本研究使用VOSviewer从关键词、标题、摘要、作者、机构和国家中提取的相关术语，构建共现网络。

Pajek 能较好地计算网络度和密度，并对社区进行检测。我们使用 Louvain 方法检测社区划分，得到了相关术语的聚类社区。然后，把国家、机构、标题、摘要和作者的关键词网络从 Pajek 导出到 VOSviewer 以进行可视化展示。

2.2 国外数字人文研究

2.2.1 国外数字人文研究成果产出

图2-1显示了1998—2020年数字人文领域的年度发文量。1998年、1999年、2005年和2006年，仅发表了一篇关于数字人文研究的论文，2000—2004年发表的论文为零。1998—2007年，文献总数只有7篇。2008年文献数量增至12种，2012年增至78种，2015—2019年，大幅增至200多种。2020年的论文产出有下降，主要原因是2020年的论文还没有被完全收录。整体来看，1998—2011年的论文数量增长缓慢，自2012年以来，研究产出快速增长。根据研究成果产出，数字人文研究可分为四个发展阶段：

第一阶段：1998—2007年，数字人文研究的起步阶段；

第二阶段：2008—2011年，数字人文相关文献数量开始增长，但增速缓慢；

第三阶段：2012—2014年，数字人文文献数量开始适度增长；

第四阶段：2015—2020年，数字人文文献数量继续保持较快增长并达到峰值。

从1998年到2020年，在数字人文研究中共发现931个出版源。表2-1列出了前10位出版源（9种期刊，1个系列出版物）。前10位出版源共发表论文337篇，占全部研究成果的17.84%。其中，四个来自英格兰，两个来自美国，两个来自德国，一个来自俄罗斯，还有一个来自苏格兰。

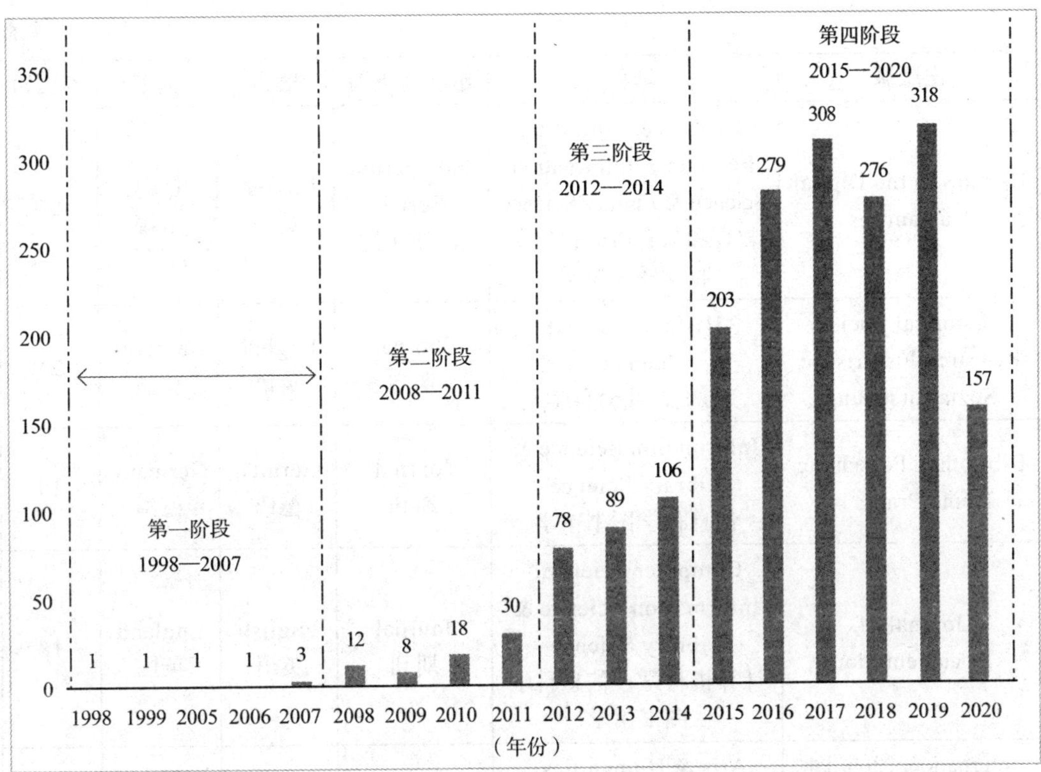

图2-1　1998—2018年数字人文领域逐年文献量

表2-1　数字人文领域主要出版源（1998—2020年）

出版源	学科	出版物类型	语言	国家	论文数
Digital Humanities Quarterly	Arts & Humanities 艺术与人文	Journal 期刊	English 英语	USA 美国	98
Digital Scholarship in the Humanities（DSH）	Arts & Humanities; Linguistics 艺术人文；语言学	Journal 期刊	English 英语	England 英国	63
Literary and Linguistic Computing（former title of DSH）	Linguistics; Literature 语言学；文学	Journal 期刊	English 英语	England 英国	34
College & Undergraduate Libraries	Information Science & Library Science 信息科学图书馆学	Journal 期刊	English 英语	England 英国	30

续表

出版源	学科	出版物类型	语言	国家	论文数
Debates in the Digital Humanities	Education & Educational Research；Information Science & Library Science 教育和教育研究；信息科学图书馆学	Publication Series 系列出版物	English 英语	USA 美国	27
Historical Social Research-historische Sozialforschung	History；Social Sciences 历史；社会科学	Journal 期刊	English 英语	Germany 德国	21
Bibliothek Forschung und Praxis	Information Science & Library Science 信息科学图书馆学	Journal 期刊	German 德语	Germany 德国	19
Journal of Documentation	Computer Science；Information Science & Library Science 计算机科学；信息科学图书馆学	Journal 期刊	English 英语	England 英国	18
International Journal of Humanities and Arts Computing-a Journal Of Digital Humanities	Arts & Humanities；Computer Science 艺术与人文；计算机科学	Journal 期刊	English 英语	Scotland 苏格兰	15
Istoriya-elektronnyi Nauchnoobrazo-vatelnyi Zhurnal	History 历史	Journal 期刊	Russian 俄语	Russia 俄国	12

《数字人文季刊》(Digital Humanities Quarterly，DHQ)发表论文最多(98篇)，占总产出的5.2%。数字人文季刊是由计算机与人文协会和数字人文组织联盟出版的，该期刊是开放获取、同行评议的，涵盖了数字人文研究的所有方面。

紧随其后的是人文学科中的数字学术(Digital Scholarship in the Humanities)，以及该刊物的前身(2015年之前):《文学和语言计算》(Literary and Linguistic Computing)，共有97篇出版物，占数字人文总研究产出的5.1%。期刊名称的改变发生在2015年，当时数字人文组织联盟和欧洲数字人文协会决定将文学和语言计算杂志(LLC)命名为人文学科中的数字学术(DSH)，以涵盖人文学科中最广泛的数字学术。

该期刊是国际的、同行评议的，全面发表人文学科领域的数字学术成果。

英语是国外数字人文研究中最常用的语言。图书馆学信息科学和人文艺术是排名前两位的学科，说明它们在数字人文领域的影响更为广泛。

2.2.2 研究主题结构及演变

（1）从标题和摘要中识别研究主题结构

为了获取数字人文领域的知识结构，使用VOSviewer软件从文章标题和摘要中提取词组进行处理和可视化。使用该软件的自然语言处理技术，从样本数据集的1889篇文章中识别出30293个术语。将阈值设为60，得到70个出现最频繁、联系最紧密的词组，这些术语被用来构建共现网络。具体共现网络图如图2-2所示。

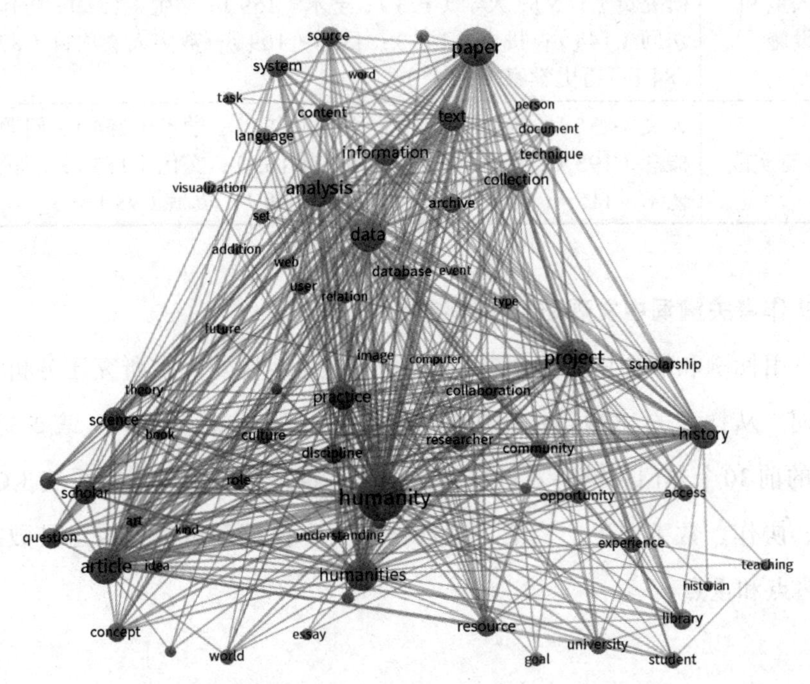

图2-2 从标题和关键词中提取的词共现网络

基于词频和共现情况，得到三个主题社区：第一个主题社区主要包括内容和分析技术，具有代表性的词语包括文本、信息、集合、来源、系统、技术、数据库、web和可视化。第二个主题社区以项目、人员和基础设施为重点，具有代表性的术语如项目、图书馆、资源、社区、大学、角色、协作、空间、研究员、学生和图书馆员。第三个主题社区涉及人文理论与实践，具有代表性的术语有人文、实践、学科、理论、框架等。具体如表2-2所示。

表2-2　基于标题和摘要的研究主题社区划分

主题	代表术语
内容与分析技术	分析（526）；数据（459）；文本（340）；信息（278）；收集（241）；系统（231）；源（195）；内容（177）；存档（175）；技术（167）；语言（155）；用户（144）；数据库（143）；文档（129）；对象（127）；可视化（113）；图像（112）；网络（110）；关系（105）；解释（96）；人（97）；任务（94）
项目、人员和基础设施	项目（511）；历史（348）；资源（216）；图书馆（198）；社区（189）；研究员（185）；大学（173）；学术（159）；学生（152）；协作（146）；访问（144）；机会（143）；目标（109）；数字人文项目（87）；教学（84）；历史学家（76个）
人文理论与实践	人文（835）；实践（293）；科学（257）；学术（254）；问题（202）；概念（193）；文学（169）；角色（163）；文化（155）；理论（141）；艺术（115）；影响（103）；书籍（99）；贡献（98）

（2）从作者关键词中发现研究主题结构

除了使用标题和摘要中的术语来检测研究主题结构外，本研究还分析了作者提供的关键词。从样本的1889篇文章中识别出的3960个作者关键词。表2-3列出了频次大于15的前30个热门关键字。最常见的作者关键词包括地理信息系统（GIS）、数字图书馆、协作、数字历史、档案、大数据、文本挖掘和可视化。这是数字人文领域研究的热点和重点。

表2-3　数字人文领域的前30个热门关键词

序号	关键词	频次	序号	关键词	频次
1	数字人文	943	4	数字历史	36
2	GIS	47	5	协作	32
3	数字图书馆	44	6	可视化	32

续表

序号	关键词	频次	序号	关键词	频次
7	文化遗产	31	19	语义网	24
8	人文学科	22	20	大数据	23
9	数据可视化	20	21	跨学科	23
10	数据库	20	22	数字学术	22
11	关联数据	20	23	注释	18
12	教育学	20	24	历史	17
13	众包	19	25	社交媒体	17
14	本体	19	26	数字档案	16
15	数字化	30	27	图书馆	16
16	远距离阅读	27	28	艺术历史	15
17	文本挖掘	27	29	机器学习	15
18	档案	25	30	虚拟现实	15

根据作者关键词的频次及其共现关系，构建了作者关键词网络，如图2-3所示。

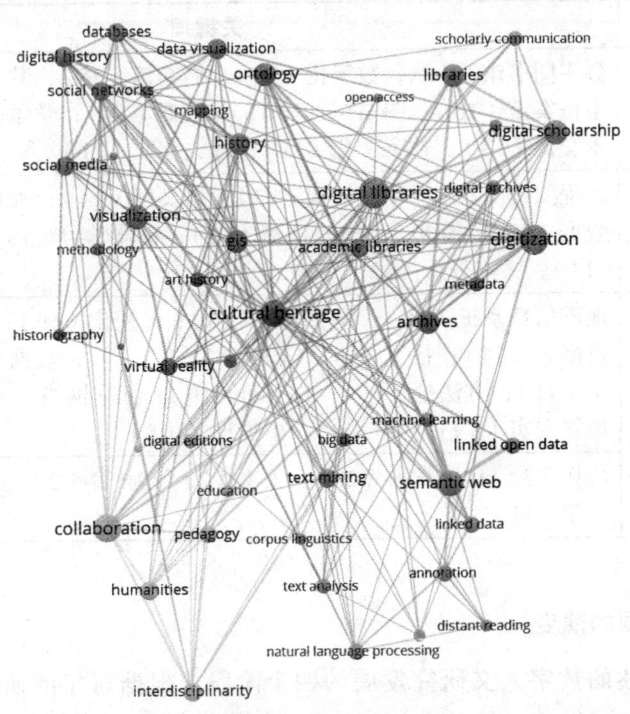

图2-3　从作者关键词中发现的主要研究主题社区

根据关键词的共现，得到以下四个主要主题社区：

第一个主题社区围绕数字环境中支持学术的内容、馆藏和图书馆等，具有代表性的关键词有：数字图书馆、档案馆、数字学术、元数据、图书馆、学术交流、开放获取等。

第二个主题社区研究数字人文相关的一般技术，具有代表性的关键词有大数据、文本挖掘、远程阅读、注释、链接数据、语义网、机器学习、众包、数据收集和数据挖掘。

第三个主题集群涉及历史、数字历史、文化遗产、艺术史等特定应用领域的技术和方法。值得注意的技术和方法包括GIS、数字历史、可视化、文化遗产、数据库、艺术历史、虚拟现实、社交媒体和社交网络。

第四个主题社区与数字人文研究的协作性、跨学科性和相关支持性特征相呼应。代表性的关键词包括协作、跨学科、人文、教育、评估、数字版本。

表2-4 基于作者关键词的研究主题社区

主题	关键词
图书馆、档案馆（内容和集合及其数字化）	数字图书馆（44）；数字化（30）；档案馆（25）；数字学术（22）；数字档案馆（16）；图书馆（16）；元数据（14）；学术图书馆（13）；学术交流（13）；数字文化（11）；开放存取（11）
相关技术	远程阅读（27）；文本挖掘（27）；语义网（24）；大数据（23）；链接数据（20）；众包（19）；注释（18）；机器学习（15）；自然语言处理（14）；文本分析（12）
特定应用领域的技术和方法	地理信息系统（36）；数字历史（26）；可视化（19）；文化遗产（16）；数据库（14）；社交媒体（14）；本体论（13）；数据可视化（11）；历史（11）；方法论（11）；Twitter（10）；社交网络（9）；艺术史（8）；增强现实（8）；网络（8）；虚拟现实（8）
数字人文研究相关特征	协作（32）；跨学科（23）；人文（22）；教育（20）、评估（12）；教育学（11）

（3）研究主题的演变

针对前面所述的数字人文研究发展的四个阶段，根据每年的研究产出，分析每个阶段的核心关键词，以确定数字人文领域研究主题随时间的演变趋势。如表2-5所示，可以在每个阶段观察到以下特征：

① 1998—2007年数字人文研究的初始阶段，发表的7篇论文包含24个（22个不重复的）作者关键词，主要涉及信息处理和管理相关的各种主题。

② 第二阶段（2008—2011年），68篇论文包含153个（124个不重复的）作者关键词，涵盖主题广泛，包括数字图书馆、技术和一些特定领域，如文化遗产、人文、电子科学和艺术。

③ 第三阶段（2012—2014年），273篇论文包含818个（602个不重复的）作者关键词，主题包含了不同的内容与数据集合（如档案馆、数字图书馆）、不同的学科应用领域（如人文、历史、文化），以及访问和使用过程中的相关问题和技术（如开放访问、可视化、注释）等方面。

④ 第四阶段（2015—2020年），1541篇论文，6182个（3521个不重复）作者关键词显示，地理信息系统、远程阅读和教育学有显著增加，更多的前沿技术如大数据、语义网、链接数据、文本挖掘和机器学习等也被引入，并成为重要的主题。对数字学术、学术交流、跨学科协作和基础设施等产生了广泛影响，成为这一最新阶段的一个重要主题。

表2-5 数字人文领域研究主题的演变

阶段1：1998—2007年关键词	频率	阶段2：2008—2011年热门关键词	频率	阶段3：2012—2014年热门关键词	频率	阶段4：2015—2020年热门关键词	频率
数字人文	2	数字人文	18	数字人文	105	数字人文	817
元数据	2	数字图书馆	3	数字历史	7	地理信息系统	42
环境保护主义	1	技术	2	可视化	6	数字图书馆	35
数字文化	1	文化遗产	2	资料库	5	协作	27
新媒体	1	GIS	2	数字图书馆	5	文化遗产	27
城市空间	1	人文学科	2	人文学科	4	数字历史	27
形式本体论	1	电子科技	2	开放存取	4	数字化	27
链接挖掘	1	艺术类	2	注释	4	远距离阅读	26
动态本体	1	加拿大史学	1	历史	4	可视化	26

续表

阶段1：1998—2007年关键词	频率	阶段2：2008—2011年热门关键词	频率	阶段3：2012—2014年热门关键词	频率	阶段4：2015—2020年热门关键词	频率
信息抽取	1	妇女研究	1	协作	4	文本挖掘	24
信息检索	1	认识论	1	XML	4	语义网	22
过滤	1	学科交叉性	1	文化	4	跨学科性	21
叙述性文本	1	软件设计	1	Twitter	3	大数据	20
主题阅读	1	语义网	1	数据可视化	3	档案	19
文字网	1	本体论	1	增强现实	3	数据库	19
电子文本	1	分类学	1	GIS	3	数字学术	19
在线交货	1	百科	1	方法论	3	教育学	19
资料库	1	元哲学	1	大数据	3	众包	18
		数字哲学	1	信息可视化	3	本体	18
		教育类	1	数字化	3	数据可视化	17
		民间传说	1	文本挖掘	3	关联数据	17
				社会化媒体	3	人文学科	16
						数字档案	15
						图书馆	15
						机器学习	15
						艺术历史	14
						社交媒体	14
						高校图书馆	13

2.2.3 数字人文研究领域的跨学科性分析

（1）数字人文研究领域的学科分布

数字人文是一个典型的跨学科合作研究领域，学科分布非常广泛，共分布在59个不同的学科领域，研究主题多样。表2-6列出了数字人文研究领域至少发表有10篇文章的前29个学科。最主要的参与学科包括计算机科学、艺术与人文、信息科学与图书馆学、文学、语言学、历史、教育与教育研究、社会科学、传播、工业。

计算机科学、艺术与人文、信息科学与图书馆学三大学科占所有学科出现频次的46.5%。排名前十的学科占所有学科出现频次的80%，表明数字人文研究的学科分布不均衡，少数学科占有重要位置。

表2-6　数字人文领域学科分布

排序	学科	频次
1	Computer Science 计算机科学	460
2	Arts & Humanities - Other Topics 艺术与人文	404
3	Information Science & Library Science 信息科学与图书馆学	346
4	Literature 文学	201
5	Linguistics 语言学	178
6	History 历史	139
7	Education & Educational Research 教育及教育研究	119
8	Social Sciences - Other Topics 社会科学	83
9	Communication 传播	76
10	Engineering 工业	69
11	Religion 宗教	39
12	Geography 地理学	34
13	Cultural Studies 文化研究	33
14	Art 艺术	31
15	History & Philosophy Of Science 历史与哲学	26
15	Archaeology 考古	23
17	Women's Studies 女性研究	21
17	Science & Technology - Other Topics 科学及技术	21
19	Philosophy 哲学	18
20	Telecommunications 电信	18
21	Asian Studies 亚洲研究	17
22	Film，Radio & Television 电影、广播和电视	16
23	Theater 戏剧	16
24	Music 音乐	16
25	Psychology 心理学	15

续表

排序	学科	频次
26	Imaging Science & Photographic Technology 影像科学与摄影技术	15
27	Business & Economics 商业及经济	14
28	Remote Sensing 遥感	13
29	Robotics 机器人	12

从各个学科的文章数量，可以把数字人文领域的学科划分为三个群体：

① 核心学科：学科发文量在100以上的，共有7个学科，具体包括：艺术与人文（Arts & Humanitie），计算机科学（Computer Science），信息科学图书馆学（Information Science & Library Science），文学（Literature），语言学（Linguistics），教育及教育研究（Education & Educational Research），历史（History）。

② 主要学科：学科发文量在10~100的，共有22个学科构成。代表学科有：社会科学（Social Sciences），传播（Communication），工业（Engineering），文化（Cultural Studies），宗教（Religion），艺术（Art），商业与经济（Business & Economics）等。

③ 边缘学科：学科发文量在10以下的，共有30个学科。

（2）数字人文研究跨学科合作网络分析

参与数字人文研究的所有59个学科中，都存在跨学科合作，跨学科合作非常普遍。表2-7列出了在数字人文研究领域跨学科合作网络中居于中心地位的前16个学科，每个学科都与10个及10个以上其他学科有过合作。各个节点的网络中心度代表了可以支配整个网络合作的位置和容量。合作中心度较高的学科包括：计算机科学、艺术与人文 、社会科学、工业、历史、商业与经济学、信息科学图书馆学、传播等，代表了与其他学科合作的中心地位。在整个跨学科网络中，计算机科学、艺术与人文、社会科学具有更大的影响其他学科的能力。

表2-7　跨学科合作网络节点中心度前16位的学科（中心度大于等于8）

学科	节点中心度
Computer Science 计算机科学	25

续表

学科	节点中心度
Arts & Humanities - Other Topics 艺术与人文	19
Social Sciences - Other Topics 社会科学	17
Engineering 工业	16
Information Science & Library Science 信息科学图书馆学	14
Communication 传播	14
Education & Educational Research 教育与教育研究	14
Archaeology 考古	13
Geography 地理	13
History 历史	13
Art 艺术	12
Cultural Studies 文化研究	12
Materials Science 材料科学	11
Imaging Science & Photographic Technology 影像科学与摄影技术	11
Architecture 建筑学	11
Business & Economics 商业与经济	10

（3）数字人文研究领域跨学科合作网络社区划分

本文统计了2008—2020年的跨学科合作社区划分情况，2008年只有三个学科参与数字人文研究，它们是文学、语言学和戏剧。自2008年开始，文学和语言学形成非常稳定的合作。2009年，跨学科合作网络增加到6个学科，分为3个社区：文学和语言学、艺术与人文和社会科学、计算机科学和信息科学图书馆学。自2009年以来，计算机科学和信息科学图书馆学开始非常稳定的合作。

2010年，形成了5个跨学科合作网络社区。2011年，教育与教育研究、电信、哲学加入数字人文研究。2012年，出现了与艺术、传播及文化研究相关的新社区。信息科学图书馆学开始与艺术与人文学科、教育学开始合作。社会科学、商业与经济、历史学形成了一个新的稳定的社区。

2013年开始，数字人文研究的三个主要学科社区形成。社区1主要由信息科学图书馆学、计算机科学构成。社区2主要由文学、语言学构成。社区3主要由历史、社会科学、商业与经济学组成。

综合1998—2020年整体的学科合作情况，形成了5个跨学科合作社区。如图2-4所示，1998—2020年数字人文研究领域形成的跨学科合作社区也证明了上述结论，即以信息科学图书馆学、计算机科学、艺术与人文科学、文学、语言学等一些重要的学科为主导构成了不同的跨学科社区。

三个最主要的社区分别是：与社会、历史、商业与经济相关的学科；与艺术与人文、语言学相关的学科；与计算机、信息科学图书馆学相关的学科。

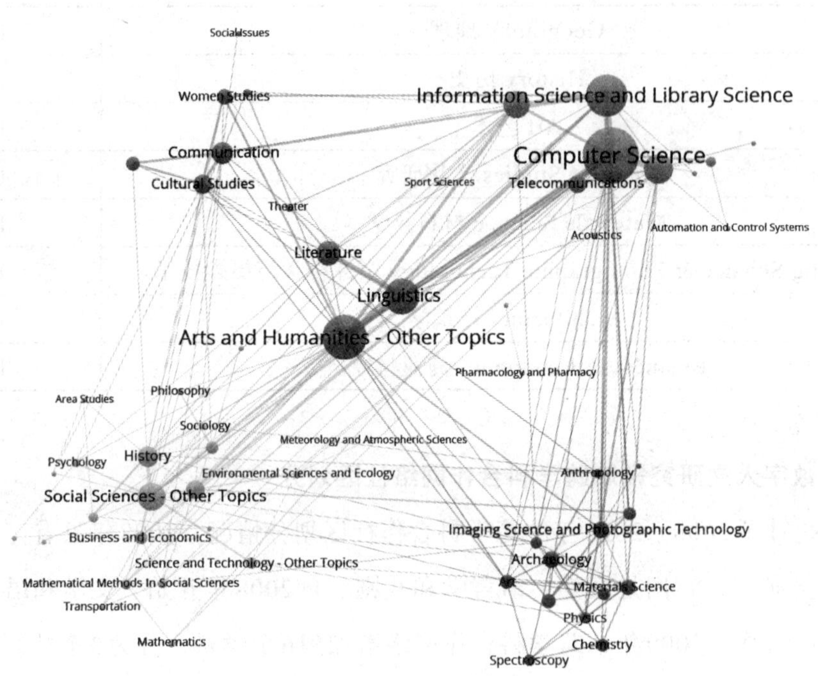

图2-4　数字人文研究领域跨学科社区划分

2.2.4 相关作者、机构及国家分布

（1）作者

样本中1889篇论文共有3419位作者。数字人文是一个相对较新的领域，作者的分布非常分散。表2-8列出了按发文量排名的前8位高产作者（发表6篇以上）。在最多产的8位作家中，3位来自英格兰，3位来自美国，1位来自德国，1位来自苏格兰。里

萨姆（Risam）以10篇论文名列榜首，特拉斯（Terras）有9篇论文，然后科肯斯帕格（Kokensparger）有8篇论文，丘拉（Ciula）有7篇论文，剩下的作者各有6篇论文。

表2-8　1998—2018年数字人文领域的高产作者

作者	国家	机构	论文数量
里萨姆·鲁皮卡（Risam Roopika）	美国	塞勒姆州立大学	10
特拉斯·梅丽莎（Terras Melissa）	苏格兰	爱丁堡大学	9
科肯斯帕格·布莱恩（Kokensparger Brian）	美国	克莱顿大学	8
丘拉·阿丽安娜（Ciula Arianna）	英国	伦敦国王学院	7
艾伦·科林（Allen Colin）	美国	印第安那大学	6
詹尼克·斯特凡（Jaenicke Stefan）	德国	莱比锡大学	6
麦卡蒂·威拉德（McCarty Willard）	英国	伦敦国王学院	6
尼汉·朱丽安（Nyhan Julianne）	英国	伦敦大学学院	6

里萨姆（Risam）[1]是塞勒姆州立大学的中学和高等教育及英语副教授。她还担任数字图书馆项目的研究员。她的第一部专著《新的数字世界：理论、实践和教育学中的后殖民数字人文》（New Digital Worlds：Postcolonial Digital Humanities in Theery，Pranis and Pedagogy）于2018年由西北大学出版社出版。她目前的著作《学术反叛者：公共人文的激进叙述》（Insurgent Academics：A Radical Account of Public Humanities）通过种族研究的出现，追溯了公共人文的新历史。

她的学术成果发表在《人文学科的数字学术》（Digital Scholarship in the Humanities）、《数字人文季刊》（Digital Humanities Quarterly）、《数字人文的辩论》（Debates in the Digital Humanities）等期刊和书籍上。她的研究主题集中在学术传播、数字教育和人文知识基础设施，透过后殖民主义和跨部门的女性主义镜头。数字人文包含了一套使用数字工具进行人文探究和使用人文方法理解数字媒体和技术的实践。她的工作核心是关注印刷文化特征的排斥和偏见——殖民主义的产物，种族主义和父权制——被复制和放大人性的在数字文化记忆。

[1] http：//www.roopikarisam.com/.

Terras Melissa[1]是伦敦大学学院数字人文中心的名誉教授，曾于2003—2017年在伦敦大学学院工作。现在在爱丁堡大学，她是数字文化遗产教授，以及艺术、人文和社会科学学院的数字学术主任。在伦敦大学学院时，Melissa是信息研究系的数字人文教授，在那里她教授数字化，指导一系列硕士和博士学生，并承担了一系列的研究项目。

特拉斯（Terras）教授的研究兴趣包括将计算技术应用于人文学科问题，从而使原本不可能的研究得以实现。因此，她已经参与了横跨数字人文学科许多领域的各种研究领域。目前的研究项目包括转录、交叉、海洋交流和数字图书馆的未来。她是《数字人文季刊》的总编辑，也是人文领域数字学术期刊的编辑委员会成员，从2006—2013年担任欧洲数字人文协会的秘书。

科肯斯帕格（Kokensparger）[2]是克莱顿大学终身教授。教授的课程包括面向初学者和非专业人士的编程、数字人文编程、计算机组织/硬件、网页程式设计、数据库设计、软件工程、移动应用程序开发。

作为一名计算机教师，在获得教学技术博士学位后，他花了更多的时间来评估和采用课堂上的新技术。出版过计算机科学教育的论文。曾经在华盛顿特区的福尔杰莎士比亚图书馆获得了奖学金，对早期现代研究中数字人文学术各个阶段进行了出色介绍，开始了对早期现代英语戏剧进行严肃的文本分析工作。追溯了莎士比亚戏剧中人物的“人物行走”。目前正在做早期现代戏剧的文体分析，特别关注《约克郡悲剧》（*A Yorkshire Tragedy*）剧作的作者归因问题。过去进行过研究或开发的其他领域：评估和学术的教学语言景观/应用语言学多处理器研究方法。

（2）机构

样本1889篇论文中，包含作者机构的有1825篇，平均每篇论文有1.5个机构，说明跨机构合作在数字人文研究中很常见。作者的所属机构被用来分析数字人文领域中的机构的贡献。表2-9列出了至少发表了13篇论文的15个作者机构，共发表论文264篇，占总论文产出的14%。在这些机构中，美国有5家，荷兰有3家，英国和

---

[1] https：//www.ucl.ac.uk/information-studies/melissa-terras.

[2] http：//www.kokensparger.com/brian/index.htm.

德国各有2家。排名前两位的机构是伦敦国王学院（King's College London）和伦敦大学学院（University College London），都位于英国，论文数量分别为34篇和27篇。

表2-9 高发文量机构

机构	国家	发文量
伦敦国王学院（King’s College London）	英国	34
伦敦大学学院（University College London）	英国	27
荷兰乌得勒支大学（Utrecht University）	荷兰	24
阿姆斯特丹自由大学（Vrije University Amsterdam）	荷兰	20
阿姆斯特丹大学（University of Amsterdam）	荷兰	18
伊利诺伊大学（University of Illinois）	美国	18
莱比锡大学（Leipzig University）	德国	16
罗格斯州立大学（Rutgers State University）	美国	15
马德里康普顿斯大学（University Complutense Madrid）	西班牙	14
纽约城市大学（the City University of New York）	美国	13
印第安纳大学（Indiana University）	美国	13
爱丁堡大学（University Edinburgh）	苏格兰	13
马里兰大学（University of Maryland）	美国	13
斯图加特大学（University Stuttgart）	德国	13
维多利亚大学（University of Victoria）	加拿大	13

合作在数字人文领域非常普遍。通过基于作者隶属关系的机构共现网络，发现了9个机构合作社区。图2-5描绘了基于共同作者的机构协作网络。

（3）国家

74个国家/地区参与了数字人文领域的研究。发表10篇以上论文的国家/地区见表2-10。美国、德国和英国是发表数字人文研究论文最多的三个国家/地区（分别为616篇、193篇和178篇）。加拿大、西班牙、意大利、荷兰、法国和澳大利亚排在了第二序列，发表了50篇以上数字人文论文。中国、瑞士、巴西、爱尔兰、苏格兰、比利时、芬兰、俄罗斯、瑞典、奥地利和波兰都发表有20篇以上论文，排在了第三序列。

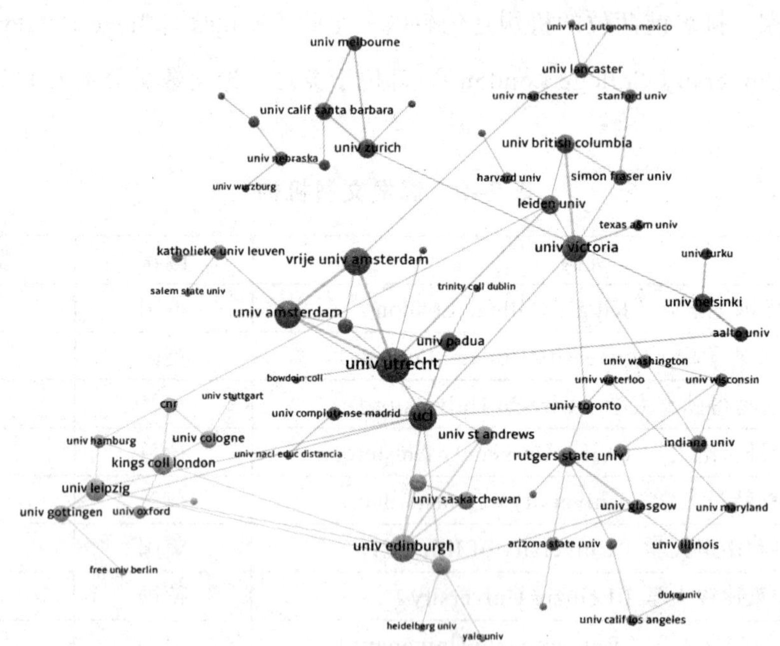

图2-5 机构合作网络

表2-10 数字人文研究的主要发文国家 / 地区

序号	国家 / 地区	论文数量	序号	国家 / 地区	论文数量
1	美国	616	14	比利时	31
2	德国	193	15	芬兰	31
3	英国	178	16	爱尔兰	29
4	西班牙	121	17	俄罗斯	28
5	加拿大	104	18	瑞典	25
6	意大利	94	19	奥地利	23
7	荷兰	90	20	波兰	23
8	法国	76	21	墨西哥	18
9	澳大利亚	52	22	葡萄牙	18
10	中国	37	23	日本	15
11	瑞士	35	24	希腊	14
12	巴西	34	25	罗马尼亚	14
13	苏格兰	32	26	韩国	14

续表

序号	国家 / 地区	论文数量	序号	国家 / 地区	论文数量
27	挪威	13	31	新加坡	11
28	威尔士	13	32	匈牙利	10
29	丹麦	11	33	印度	10
30	卢森堡	11			

其中56个国家 / 地区参与了合作，基于合作的频率和关系，使用louvain算法确定了5个国家协作社区。图2-6显示了国际研究社区之间的联系以及每个社区内国家 / 地区之间的合作。美国、德国和英国不仅是各自密切合作社区的中心，而且直接或间接地与网络中的其他国家 / 地区联系在一起，表明它们在数字人文研究中是主要贡献者和合作者的角色。

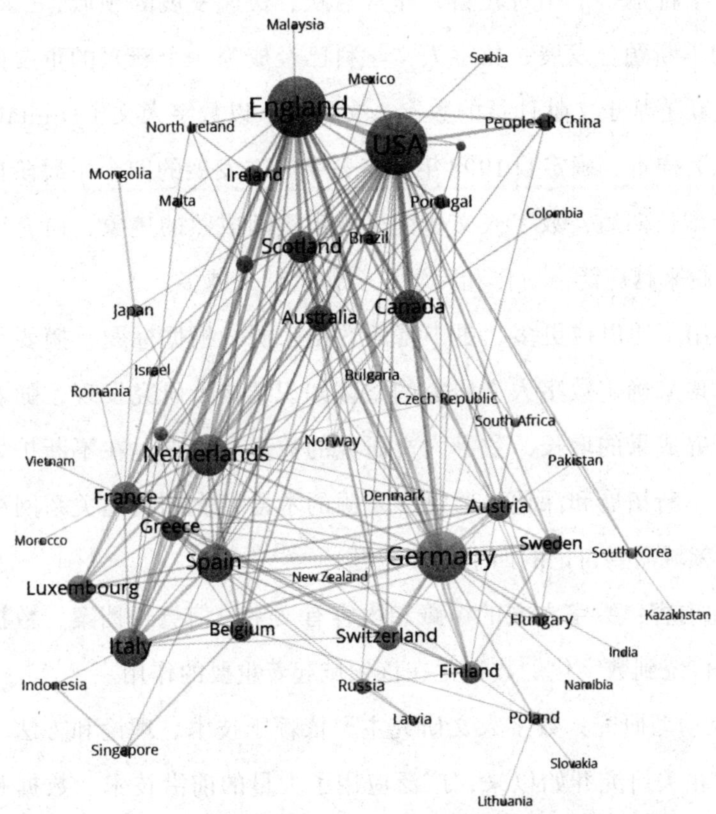

图2-6　基于国家 / 地区合作的社区划分

三个主要社区分别为：

社区1：美国为主的社区，共包含18个国家。主要成员有：美国（616）；英国（178）；加拿大（104）；澳大利亚（52）；中国（37）；巴西（34）；苏格兰（32）；爱尔兰（29）等。

社区2：德国为主的社区，共包含18个国家。主要成员有：德国（193）；瑞士（35）；芬兰（31）；俄罗斯（28）；瑞典（25）；澳大利亚（23）；波兰（23）；韩国（14）等。

社区3：以西班牙为主的社区，共包含14个国家。主要成员有：西班牙（121）；意大利（94）；荷兰（90）；法国（76）；比利时（31）；希腊（14）；罗马尼亚（14）；新加坡（11）等。

其余两个社区较小，此处不做具体说明。

数字人文学科是一个相对较新、非常活跃、快速发展的领域，二十年来，随着人文和技术的不断融合发展，数字人文学科已经成为一个新兴的重要研究领域。本研究扩展和更新了基于文献计量的数字人文研究，以数字人文（Digital Humanities）直接相关文献为样本，确定自1998年以来数字人文发展的四个主要阶段。在经历了近几年的高产增长期后，数字人文研究呈现出逐渐成熟的迹象，研究生产率高且稳定，课题范围越来越广泛，协作和跨学科合作也越来越多。

本研究利用了比以往更多、更丰富的数据来源，根据标题、摘要和作者关键词中的关键词术语来确定数字人文研究的整体知识结构。研究发现，随着数字人文研究的发展和研究成果的增长，数字人文研究的数量和范围也在不断扩大，数字人文研究领域正在不断拓展和深化。通过多来源的术语频次和共现关系网络，本研究确定了数字人文领域需要讨论的四个重要主题：

① 馆藏和内容：数字人文的馆藏和内容有文字、信息、档案、数据、图书馆等多种形式，从传统到数字化。数字化在该领域起着重要的作用。

② 技术驱动型研究：数字人文研究主要依赖于技术、理论和方法。本研究证实了自数字人文相关研究开始以来，广泛应用了大量的前沿技术。数据和文本的分析一直是数字人文研究方法的基础。近年来，大数据、文本挖掘、语义网、链接数据、数据挖掘、众包、数据管理、机器学习等技术被引入并频繁出现在数字人文的关键

技术领域。此外，本研究发现一些技术与某些应用领域有着密切的联系。例如，地理信息系统、可视化、数据库、社交媒体和社交网络，与历史、数字历史、文化遗产和艺术史密切相关。

③ 协作和跨学科：数字人文研究倾向于以项目为基础，涉及来自不同背景的不同人群，需要支持和研究基础设施来促进协作。数字人文是一个具有跨学科性和协作工作潜力的领域，有来自不同学科的学者参与，如文学、历史、统计和计算机科学。数字人文工作可以突破地理和语言的界限，并鼓励跨学科和国际合作。

④ 数字人文研究进展 / 演化：本研究对数字人文领域的纵向分析显示，研究范围和深度都在持续增长。除了随着时间的推移而引入的新技术外，近年来对地理信息系统（GIS）的频繁引用表明了它在数字人文中的重要性。同样值得注意的是，数字学术、学术交流、跨学科协作和基础设施等产生广泛影响的主题成为数字人文发展最新阶段的重要部分。

虚拟现实和增强现实等沉浸式技术正在时间和地点上改变我们的交流方式。利用最近开发的三维地理信息系统和相关的可视化技术，我们可以在不同的历史时期真实地穿越不同的景观。布鲁格曼（Bruggmann）等人[1]提出一种信息搜索和访问的地理信息系统方法，以可视化方式探索人文学科中使用的数字文本档案。黄等人[2]展示了解锁历史地理文档中包含的信息并使用尖端的扩展现实技术增强这些信息的能力。

在回顾数字人文的概念生态时，普尔（Poole）[3]认为数字人文涵盖十个领域：数字化、众包、档案和数据库、数字馆藏、文本、编辑、可视化、地理空间、游戏和代码。本研究从主题词中发现的主题社区进一步证实、体现和丰富了数字人文相关工作的框架和内容。

---

❶ Bruggmann A, & Fabrikant, S I (2016). How does GIScience support spatio-temporal information search in the humanities? . Spatial Cognition & Computation, 16 (4), 255-271.

❷ Huang J, Bagher M. M., Dohn Ross H, Piekielek N, Wallgr ü n J. O, Zhao J, and Klippel, A. (2018). From Archive, to Access, to Experience - Historical Documents as a Basis for Immersive Experiences. Journal of Map & Geography Libraries, 14 (1), 40-63.

❸ Poole, A. H. (2017). The conceptual ecology of digital humanities. Journal of Documentation, 73 (1), 91-122.

最后，本研究还根据发文量及其在合作网络中的作用，确定了数字人文研究的主要作者、机构和国家 / 地区。总的来说，主要的贡献者是欧洲和北美的国家 / 地区、作者、机构。英语是数字人文研究论文中最主要的语言。

第三章

国内数字人文研究现状分析

3.1 数据收集和分析工具

3.1.1 数据收集

本研究国内数字人文数据来源于中国知网CNKI期刊全文数据库，它收录国内期刊8千种，全文文献总量5700万篇，可以追溯到1915年至今出版的期刊，部分可以追溯到创刊以来。CNKI期刊全文数据库内容覆盖自然科学、工程技术、农业、哲学、医学、人文社会科学等各个领域，为研究人员进行研究时提供服务。

国内的数字人文研究与国外相比起步较晚，与国外相比也有较大的差距，但在近些年仍然是一个研究热点。为保证检索质量，在CNKI检索时选择SCI来源期刊、EI来源期刊、CSSCI以及北大核心期刊作为研究样本，共检索到852篇文献，排除与数字人文无关的文献、会议摘要、选题指南等，最终得到807篇文献。

3.1.2 软件和工具

本部分国内数字人文研究使用的文献计量和可视化工具为Citespace。Citespace是一款应用于科学文献中识别并显示科学发展趋势和新动态的软件，它可以寻找某一学科研究的热点前沿和对应的知识基础。本部分国内数字人文研究使用Citespace从检索到的807篇文献中提取关键词、标题、摘要、作者、机构等相关术语，构建共现知识图谱，对目前国内数字人文领域的发文量、科研人员合作关系、机构合作情况、研究热点和发展趋势可视化展示。

3.2　国内数字人文研究

3.2.1 国内数字人文研究成果产出

发文量是对学科内研究热点最直观的反映，年度发文量高则表明该话题在本年度是一个热点话题，反之则不属于热点话题。通过分析发文量可以直观地了解某领域的研究热点和发展趋势。

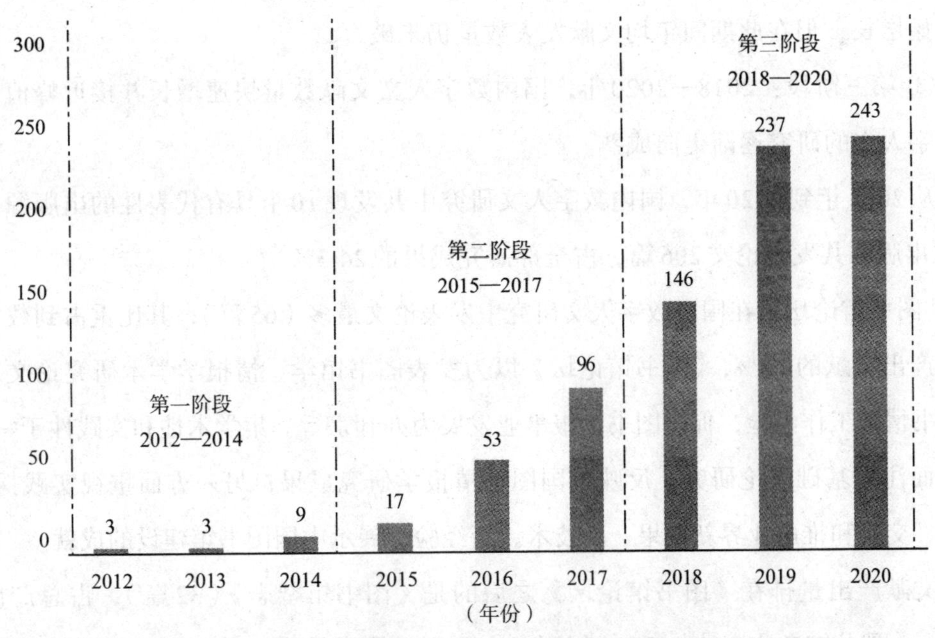

图 3-1　2012—2020 年国内数字人文领域逐年文献量

图3-1显示了国内数字人文发文量。国外的数字人文研究从1998年开始，较国内发展早。但从发展态势来看，国内的数字人文研究的发文量逐年上升，整体处在一个不断增长的阶段。2012年之前国内数字人文的发文量为0，没有关于数字人文研究的论文，2012—2014年国内关于数字人文的研究处于萌芽状态，发文量较少，年均发文量未超过10篇，2012年、2013年关于数字人文的文章仅为3篇，这说明我国学者在20世纪初并未过多关注数字人文这一新兴概念；2015年文献数量增至17种，2016年，文献数量增至53种，2017年增至96种，2018—2020年（2020年数据未统计完整），大幅增至200多种。其文献大幅增长的原因主要是因为在当今这个数字化时代，大数据技术和互联网的发展给数字人文的研究注入新活力，越来越多的学者开始关注数字人文领域的研究。但是，从发文量来看国内的数字人文研究与国外存在着一定的差距，国内数字人文研究仍需借鉴国外研究的经验继续发展。整体来看，2012—2014年的论文数量增长缓慢，自2015年以来，研究产出快速增长。根据研究成果产出，国内数字人文研究可分为三个发展阶段：

① 第一阶段：2012—2014年，国内数字人文研究的萌芽阶段，年均发文量为个位数；

② 第二阶段：2015—2017年，国内关于数字人文研究的文献数量以十位数的速度开始增长，但在此期间年均文献发表数量仍未破百；

③ 第三阶段：2018—2020年，国内数字人文文献数量快速增长并接近峰值，有关数字人文的研究逐渐走向成熟。

从2012年到2020年，国内数字人文研究中共发现10个具有代表性的出版源。前10位出版源共发表论文206篇，占全部研究成果的24.3%。

《图书馆论坛》在国内数字人文研究中发表论文最多（65篇），其比重占到数字人文总产出文献的7.9%，《图书馆论坛》以为发表图书馆学、情报学学术研究论文，交流图书情报工作经验，促进图书情报事业发展为办刊宗旨。集学术性和实践性于一体，一方面注重基础理论研究，反映中国图书情报学研究成果；另一方面重视实践探索，报道、交流和推广业界新成果、新技术、新经验，展示中国图书馆建设的成就。

文献产出量排在《图书馆论坛》之后的是《图书馆杂志》（32篇），占总产出的3.9%，《图书馆杂志》在1982年创刊，主要刊登图书馆学、情报学基础的信息管理科学研究前沿成果等学术成果。除了发文量较多的《图书馆论坛》和《图书馆杂志》之外,《图书情报工作》也是国内数字人文研究发文的代表期刊之一，共有30篇数字人文相关的文献，占总产出的3.6%,《图书情报工作》也是历经三次改名才最终成形，成为领域内具有影响力的期刊之一。

3.2.2 国内数字人文研究热点

关键词能够明确地表达出数字人文领域的研究方向和研究热点，其中节点的大小和关键词出现的频次是正相关的关系，节点越大关键词出现的频率越高，节点越小关键词出现的频率越低，关键词频次的高低反映研究的广泛程度，节点之间连线的强弱与关键词共现可能性成正相关，即节点之间的连线越强关键词之间的共现的可能性越大。中心性（Centrality）代表关键词在整个关键词共现网络中的中心地位，中心性的取值越高代表中心性越强，一般来说，中心性超过0.1的节点可被称作是关键节点[1]。为了获取数字人文领域的研究热点和变迁趋势，使用Citespace软件从文章标题和摘要中提取词组进行处理和可视化，具体关键词网络共现图如图3-2所示。

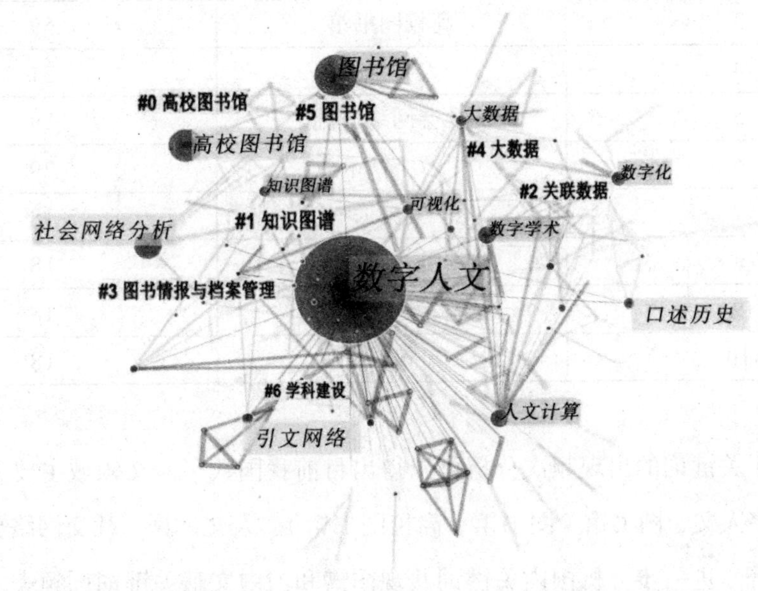

图3-2　国内关键词共现知识图谱

---

[1] 马元．基于Citespace的网络订餐研究现状与热点分析［J］．电子商务，2020（10）：36-37.

如图3-2所示，以“Keyword”为网络节点，共生成196个节点，459条连线，网络密度为0.024的国内文章关键词共现知识图谱。利用Citespace的关键词聚类算法，选择“find cluster”，选择“K”和“LLR”算法进行关键词聚类后得到“#0高校图书馆”“#1知识图谱”“#2关联数据”“#3图书情报与档案管理”“#4大数据”“#5图书馆”“#6学科建设”7个聚类，代表我国数字人文研究领域的7个研究方向。高频关键词代表数字人文领域学者的研究热点。从表3-1可以看出，关键词频次出现次数排在前十的依次是数字人文（746）、图书馆（74）、高校图书馆（59）、人文计算（31）、社会网络分析（29）、数字学术（29）、大数据（18）、引文网络（18）、可视化（18）、口述历史（18），关键词后括号内数字代表该关键词节点频词。

表3-1 国内数字人文高频关键词

序号	关键词	频次
1	数字人文	746
2	图书馆	74
3	高校图书馆	59
4	人文计算	31
5	社会网络分析	29
6	数字学术	29
7	大数据	18
8	引文网络	18
9	可视化	18
10	口述历史	18

根据对于关键词的出现频次分析可以得出目前我国数字人文领域主要的研究热点主题包括数字人文、图书馆（图书馆、高校图书馆）、人文计算、社交网络分析、大数据、可视化等。进一步分析国内关键词共现图谱和国内文献关键词词频表，可以分析挖掘出我国数字人文研究领域有以下几个主题社区：

第一，数字人文概念本身的研究。数字人文作为大数据环境下一个新兴的概念，其关于数字人文自身的基本概念是数字人文研究学者所重点关注的问题。赵生辉等[1]在对高校数字人文中心的建设研究中认为“数字人文”是指围绕人文社会科学领域特定研究对象知识本体的数字化保存和应用所进行的相关信息资源采集、加工、组织、服务、研究、教育等活动总称。郭英剑[2]在研究数字人文在文学中的研究时认为数字人文是将新兴技术方法运用到传统人文学科研究中的新型学科，是“数字”与“人文”的双向联动。“数字人文”的产生使新技术发展与人文学科研究范式相互作用，相互促进。黄水清[3]在归纳人文计算和数字人文的概念时指出人文计算和数字人文的不同，认为人文计算落脚点在计算，体现了面向数据、作为研究工具及研究手段的特点，而数字人文从字面上看范畴更大、含义更模糊、产生歧义的可能性也更多一些。

第二，数字人文在图书馆服务与建设中的应用研究。分析图书馆、高校图书馆关键词出现频次和节点中心性可以发现其是仅次于数字人文的关键词词频。数字人文是在数字技术的前提下发展起来的，这就要求数字人文研究不单单是关于理论基础的研究，也是关于数据的研究，恰好图书馆是提供数据的一个重要场所，这与数据驱动下数字人文的研究相契合，从而数字人文在图书馆服务与建设中的应用研究就成为越来越多学者所关注的重点方向。比如，王新雨[4]在研究数字人文背景下图书馆的知识服务模式时就指出，数字人文背景下运用数字技术可以有效转变图书馆的服务方式，为用户提供有效的数据开展人文研究，并可以为用户提供个性化的服务方案。朱本军等[5]认为在数字人文的背景下图书馆可以在“数字人文专题信息服务”“数字人文网络基础设施建设”“跨学科桥梁建设”“数字人文项目孵化器建设”等方面展开实践。

第三，大数据背景下数字人文的发展研究。信息技术的发展带动人类社会的进

---

❶ 赵生辉，朱学芳．我国高校数字人文中心建设初探［J］．图书情报工作，2014，58（6）：64-69，100.

❷ 郭英剑．数字人文：概念、历史、现状及其在文学研究中的应用［J］．江海学刊，2018（3）：190-197，239.

❸ 黄水清．人文计算与数字人文：概念、问题、范式及关键环节［J］．图书馆建设，2019（5）：68-78.

❹ 王新雨．面向数字人文的图书馆知识服务模式研究［J］．图书馆工作与研究，2019（8）：71-7.

❺ 朱本军，聂华．数字人文：图书馆实践的新方向［J］．大学图书馆学报，2017，35（4）：23-29.

步，同时信息技术的发展也引领数字人文领域的发展迈向更高的层次。传统的数字人文研究主要以理论为基础，而在大数据的背景下数字人文更多的是和数字技术相结合运用互联网技术、可视化技术、社会网络分析等手段进行数据化的数字人文研究，数字技术层面的人文研究也逐渐成为数字人文研究学者关注的重点。周浒[1]认为大数据条件下的数字人文方法在技术力量和数据资源的驱动下可以产生更精确、客观的结论，也可以提供跨学科的思维与视野，帮助研究者发现历史发展的规律。

3.2.3 研究变迁趋势

Timeline 视图又称时间线示图，它可以很好地帮助我们看出研究主题与其研究基础之间的时间跨度。通过 Timeline 视图可以看出数字人文领域在不同时期的研究变化。图 3-3 所示利用 Citespace 的关键词聚类功能，在其原有的关键词聚类图谱的基础上点击“Layout”，然后在下拉框中选择“Timeline View”得到我国数字人文领域研究的时间线图。分析该时间线图，我们可以把我国数字人文研究领域的热点变迁分为三个阶段。

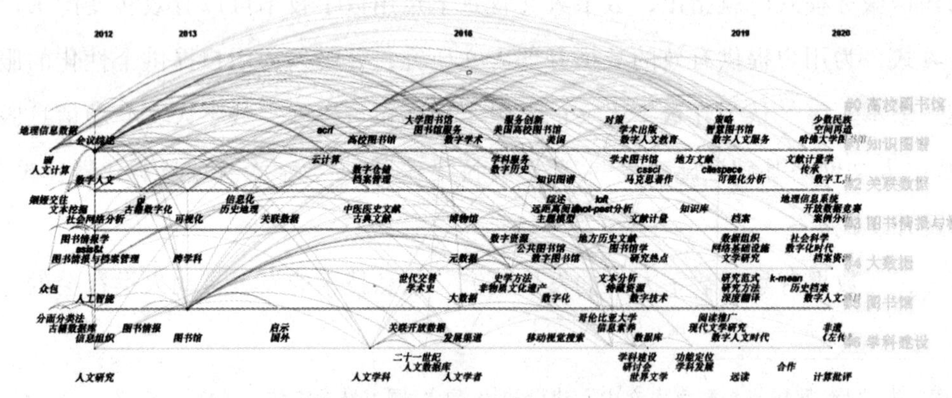

图 3-3　国内数字人文研究时间线图

第一阶段，数字人文研究的积累探索阶段（2012—2015 年）。在数字人文这一概念刚在我国兴起时，研究的热点关键词主要包括数字人文、人文计算、文本挖掘、

[1] 周浒．大数据视野下的数字人文与新闻史人物研究［J］．传媒观察，2020（2）：87-93.

社会网络分析、跨学科、图书馆等，这些关键词代表在积累探索阶段我国数字人文的研究主要集中在数字人文本身概念以及理论方法的研究，还未进入发展阶段。

第二阶段，数字人文研究的快速发展阶段（2016—2019年）。经过积累探索后我国数字人文的研究进入一个快速发展的阶段，发文量几乎成井喷式增长，在这一阶段研究热点关键词包括数字学术、大数据、数字技术、知识图谱、可视化等，从这些关键词可以看出在这一阶段数字人文的研究更多的是与数字技术相结合，由新技术推动我国数字人文研究向深层次发展。

第三阶段，数字人文研究的稳步成长阶段（2020年至今）。目前有关数字人文研究的文献发文量仍处于增长阶段，但是总体来讲这一阶段数字人文的发展基本处于一个平稳状态。热点关键词包括地理信息系统（GIS）、历史地理、少数民族、案例分析、非遗等，可以看出稳步增长阶段的数字人文研究不再是笼统概括相关概念研究，而是开始具体化地对研究热点进行挖掘。

3.2.4 相关作者、机构分布

（1）作者

数字人文在国内是一个相对较新的研究领域，自2012年以来国内数字人文领域发表文献807篇，共有212位作者。表3-2列出了发文量10篇以上的高产作者。在最多产的作家中，许鑫的发文量最多，为35篇论文，排在高产作者第一位，其次是彭泽、毕崇武、叶光辉、赵宇翔各发表18篇数字人文相关论文，然后张卫东有16篇论文，夏翠娟、李子林、刘炜有13篇论文，肖鹏12篇论文，左娜、单蓉蓉11篇，王东波、陈涛、张永娟10篇，剩下的作者发文量为10篇以下。

表3-2　数字人文领域的高产作者

作者（全名）	机构	论文数量
许鑫	华东师范大学	35
彭泽	华中师范大学	18
毕崇武	华中师范大学	18
叶光辉	华中师范大学	18

续表

作者（全名）	机构	论文数量
赵宇翔	南京理工大学	18
张卫东	吉林大学	16
夏翠娟	上海图书馆	13
李子林	中国人民大学	13
刘炜	上海图书馆	13
左娜	吉林大学	11
单蓉蓉	上海大学	11
王东波	南京农业大学	10
陈涛	中国科学院上海生命科学研究院	10
张永娟	上海大学	10

许鑫，华东师范大学经济与管理学部教授、博士生导师。他还担任人文与社会科学研究院副院长，工商管理学院副院长，调查与数据中心副主任，商业分析实验教学中心主任。许鑫教授先后在南京大学计算机科学与技术系和信息管理系获理学学士、工学硕士和管理学博士学位，美国威斯康星大学密尔沃基分校信息研究学院访问学者，其研究领域主要包括信息分析、科技情报、数字人文等方面，先后主持国家社科项目、教育部人文社科规划项目、上海市哲学社会科学规划项目、上海市决策咨询研究重点课题、上海市软科学研究重点项目等纵向课题20余项，在国内外核心期刊发表学术论文200余篇，出版专著、教材、研究报告10余部。

叶光辉、彭泽、毕崇武，均来自华中师范大学信息管理学院，作为国内数字人文研究团队，三人以合作的方式多次在学术期刊上发表有关数字人文研究主题的文献，其中叶光辉先后主持国家社会科学基金、国家自然科学基金、教育部人文社会科学研究等项目50余项，彭泽先后主持国家自然科学基金5项、中央高校基本科研业务费专项资金项目5项、湖北省自然科学基金1项，毕崇武先后主持国家社会科学基金、国家自然科学基金、中央高校基本科研业务费专项资金项目、湖北省自然科学基金等项目20余项。

赵宇翔，南京理工大学教授，主要研究方向为数字人文、用户信息行为、健康信息学等。在国内外重要期刊和学术会议上发表论文180余篇，其中发表（录用）SSCI/SCI论文20余篇，CSSCI收录140余篇。在谷歌学术（Google Scholar）上被国际同行引用共计2200次，单篇被引最高603次，入选ESI高被引前1%论文。承担以及完成国家社科基金重大项目子课题2项、国家自然科学基金3项、教育部人文社科项目、江苏省软科学咨询项目等。担任国际信息系统协会人机交互分会理事、中国社科情报学会数字人文专委会委员、中国老年学和老年医学学会智慧医养分会常务理事、江苏省老年学会信息化专委会副主任等。作为一名年轻学者，赵宇翔教授在学术期刊上发表有关数字人文研究主题文献十多篇，主要的研究方向就是数字人文，与朱庆华、刘炜等数字人文研究学者有紧密的合作关系。在博士期间拿到国际信息系统协会亚太信息系统分会（PACIS）博士生论坛最佳论文奖、教育部第一届博士研究生学术新人奖，并在博士毕业时拿到了江苏省优秀博士学位论文奖。在数字人文主题研究上有非常高的学术造诣。

张卫东是吉林大学管理学院教授，博士生导师，美国欧道明大学访问学者，吉林大学哲学社会科学研究青年骨干，吉林省档案专家。兼任中国科技情报学会知识组织专委会委员、吉林省档案系统职称评审专家、《中国档案学研究》《兰台世界》等期刊编委、《图书情报工作》审稿专家等。

（2）机构

分析数字人文领域的发文机构可以明显看出数字人文研究的指向性，同样分析论文发文机构也是衡量该机构学术水平和科研质量的一个重要指标。

如图3-4所示，是以“机构（institution）”为网络节点，共生成94个节点，50条连线，网络密度为0.0121的我国发文机构合作知识图谱。字体大小代表机构发文量多少，连线粗细代表联系紧密程度，从图中可以看出发文量排在前五的均是高校，分别是武汉大学信息管理学院、南京大学信息管理学院、华东师范大学经济与管理学部信息管理系、吉林大学管理学院和上海图书馆，其发文量分别是55篇、48篇、32篇、30篇、29篇，高校之间的科研合作可以有效促进学术交流，推动研究进展（表3-3）。发文量排名前五的合作机构有华东师范大学经济与管理学部信息管理系与上海图书馆、上海图书馆与南京大学信息管理学院。排名前五的机构与地方研究数字人文的机构也有较为密切的合作，比如武汉大学信息管理学院与中国人民大学信息资源管理学院、南京大学信息管理学院与南京理工大学经济管理学院。

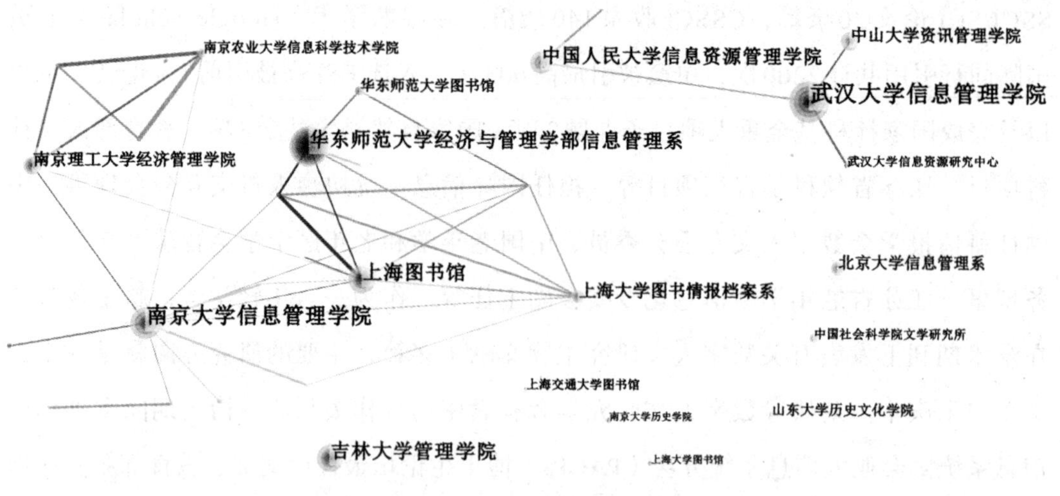

图 3-4 我国机构合作知识图谱

表 3–3 高发文量机构

序号	机构	数量
1	武汉大学信息管理学院	55
2	南京大学信息管理学院	48
3	华东师范大学经济与管理学部信息管理系	32
4	吉林大学管理学院	30
5	上海图书馆	29
6	中国人民大学信息资源管理学院	27
7	上海大学图书情报档案系	20
8	中山大学资讯管理学院	18
9	南京理工大学经济管理学院	17
10	北京大学信息管理系	15

利用 Citespace 可视化分析工具对国内外数字人文研究的发文量、作者合作、发文机构 / 国家合作、高频关键词共现知识图谱以及研究热点变迁情况进行可视化分析。结合国内外数字人文研究的侧重点，对我国后续数字人文的研究有以下启示：

第一，重视数字人文领域人才培养。自数字人文这一概念从国外引入我国以来，数字人文的研究在国内已经受到众多学者的关注。作为数字技术与人文学科相结合而产生的新的研究思想，数字人文本身就是典型的跨学科研究领域，数字人文研究人员要熟练掌握各类学科的理论知识与技术，比如，人文社科领域语言学、历史学、社会学等多学科的背景知识，并有一定的计算机操作基础，有程序编写的计算机功底等，这就要求有学位授予资格的高校在设置与数字人文领域研究有关专业的课程时，注重理论与实践的结合，注重课程设置的多样化，着力开展数字人文领域人才的培养工作。

第二，发挥图书情报领域在数字人文研究中的优势。从学科角度来看从事数字人文研究的学科主要以图书情报领域为主，图书情报领域研究数字人文的优势在于信息组织、信息管理、信息检索等课程是图书情报领域的主修课程，能够为数字人文研究提供理论和方法的支持。另一个就是资源和数据方面，图书馆是资源和数据的天然储藏地，可以把分散的不同学科的和不同领域的资源进行整合，使数字人文的研究者获取有用的资源和数据用于研究。总之，图书情报领域在数字人文的研究中发挥着重要的作用，应该着力把握图情领域在数字人文研究中的优势，推进图书情报领域与数字人文的融合。

第三，注重新技术在数字人文研究中的应用。数字人文已经在人文社科领域成为新的研究热点，在大数据快速发展的时代，数字人文的研究已经开始深层次地与数字技术相结合，敲开了新技术应用到数字人文领域的大门，比如，在基于文化遗产众包的数字人文研究中，可以借助数字技术进行数字化和数据处理以可视化的形式呈现。此外，地理信息技术（GIS）、数据挖掘、机器学习等技术也广泛应用到了数字人文研究中，对数字人文的研究产生深远的影响。在未来数字人文的研究更要建立在新技术的基础上，通过新技术创新研究模式，推动数字人文的发展。

第四章

图书情报学和数字人文的内在关联

4.1 概述

很明显，图书情报学与数字人文有着密切的联系。它们在很多方面都很相似，甚至有协同效应，尽管它们之间关系的本质还需要进一步探讨。数据密集型研究的日益增长，促进了对这两个学科之间关系的本质的研究。

根据维基百科上并被著名的数字人文学者认可的定义，我们可以将数字人文定义为一个关注学习、研究、教学和创新的跨学科研究领域，涉及计算和人文学科的交叉。它包括调查、分析、综合以及信息的数字化表示。研究这些方法如何影响使用它们的学科，以及这些学科对我们的知识计算有什么贡献。根据数字人文的“大帐篷”定义，数字人文被认为是“研究各种文化工具与计算工具的交汇”❶。

对于图书情报学，也有一个合理的广泛的定义，那就是它研究记录信息的整个传播链：创造→使用→组织→管理→传播❷。

---

❶ Svensson，P.（2010），“The landscape of digital humanities”，DHQ：Digital Humanities Quarterly，Vol. 4 No. 1，available at：http：//digitalhumanities.org/dhq/vol/4/1/000080/000080.html（accessed 22 January 2016）.

❷ Robinson，L.（2009），“Information science：communication chain and domain analysis”，Journal of Documentation，Vol. 65 No. 4，pp. 578-591.

4.2　关于信息的科学

图书情报学和数字人文这两门学科之间的主要相似之处在于，它们通常侧重于记录信息的研究和实践。就图书情报学而言，这种偏好很明显，但数字人文也对文本和解释书面文件深感兴趣。这种解释的背景是由“信息作为事物”的概念给出的，它涵盖了任何物理上被认为是有意义的东西。文本是这种形式的信息的多种表现形式，用技术性术语来表示就是文档。因此，图书情报学和数字人文都可以被视为“信息科学”，即对信息研究感兴趣的学科。

信息活动是两大领域共同演进的核心，它们于信息活动中的合作推进着应用工具更新、方法优化、价值取向融合；而围绕信息及信息行为催生出其与项目管理和人才培养等多方面的关联和交流，带动领域关系空间的丰富拓展，最终形成两大领域间彼此建构共同演进的关系格局。

4.3 两个学科的异同

一门学科的优点和缺点深深植根于它的认识论传统。认识论被理解为一个框架，除了描述人们如何获取知识外，还研究如何促进知识获取。

在这个意义上，图书情报学和数字人文的认识论既有相似之处，也有不同之处。这两门学科的明显区别在于，数字人文深深植根于人文科学，而人们似乎一致认为图书情报学是一门社会科学[1]。然而，图书情报学的许多子领域都解决了人文问题和使用方法，因此，图书情报学总体上具有很强的人文传统[2]。例如，如果不利用语言哲学和语义哲学，相关性的概念将是无法想象的[3]。数字人文中也存在着跨学科性，因为它与语料库语言学一起发展，语料库语言学位于人文学科、社会科学和应用科学之间的边界上[4]。这两个学科都受到科学研究的数据密集型范式的影响，这并不局

---

[1] Harris，M.H.（1986），“The dialectic of defeat：antimonies in research in library and information science”，Library Trends，Vol. 34 No. 3，pp. 515–531.

[2] Cronin，B.（2008），“The waxing and waning of a field：reflections on information studies education”，Information Research，No. 17，Paper No. 529，available at：http：//InformationR.net/ir/17-3/paper529.html（accessed 22 January 2016）.

[3] Budd，J.M.（2004），“Relevance：language，semantics，philosophy”，Library Trends，Vol. 52 No. 3，pp. 447–462.

[4] Fry，J.（2006），“Scholarly research and information practices：a domain analytic approach”，Information Processing and Management，Vol. 42 No. 1，pp. 299–316.

限于自然科学，通常被称为科学的第四范式。

除了对记录信息感兴趣这一强大的共同特征外，在数字人文中，数据普及的推动力也很明显，因为大多数数字人文项目都严重依赖于数据的解释[1]。数字人文在很大程度上是由这样一种假设引导的：数据可以被解释为文本，反之，文本也可以被解释为数据。著名的数字人文学者欧文斯（Owens）声称，数据作为一种构造的东西是一种人工制品。作为为特定受众创建的创作对象，数据可以解释为文本，并进行解释和分析[2]。人文科学中的数据不仅是数字化的，而且是选择性构建的，是一种机器可操作的抽象，它表征了人文探究的特定对象的某些方面。这也意味着在许多情况下，它仅提供研究对象的部分表示。但是，它通常是进入研究对象的唯一窗口。

从图书情报学的角度，数据和元数据记录都可以被认为是一种文档类型。梁志（2015）[3]对数据、信息、知识和文献的表征呈现出一种略有争议的图景。在操作级别，数据和文档都是可传输和可检索的。从本体论的观点来看，数据和信息更接近对方，因为两者都假定存在符号，信息由附加在符号上的意义组成。这种差异在认识论层面上不断扩大，由于缺乏或存在意义，数据可以被限定为非信息性的，而文档则被认为是信息性的。

数字人文正在努力了解不断增长的数字基础设施作为人文知识生产系统的影响。通过批判性地考虑二十一世纪知识如何通过计算技术转化为信息的方式，可以将这种思维扩展到数字人文的数字部分的行为。在此过程中，计算设备需要将给定的对象转换为计算机可以理解的数字代码。因此，有必要对技术和人类组成部分的共同构成有深刻的理解。

图书情报学和数字人文都部分地源于与记录信息的学术使用相关的服务功能，

---

❶ Gibbs，F.（2011），“Critical discourse in digital humanities”，Journal of Digital Humanities，Vol. 1 No. 1，available at：http：//journalofdigitalhumanities.org/1-1/critical-discourse-in-digitalhumanities-by-fred-gibbs/（accessed 22 January 2016）.

❷ Owens，T.（2011），“Defining data for humanists：text，artifact，information or evidence ?”，Journal of Digital Humanities，Vol. 1 No. 1，available at：http：//journalofdigitalhumanities.org/1-1/defining-data-for-humanists-by-trevor-owens/（accessed 22 January 2016）.

❸ Liangzhi，Y.（2015），“Back to the fundamentals again”，Journal of Documentation，Vol. 71 No. 4，pp. 795-816.

因此它们在作为学术学科的地位与作为其他学科研究的支持功能之间仍然存在疑问。两个学科都难以确定其地位，即它们可能被确定为一门学科或其他学科研究的支持功能[1]。

数字人文的发展以由内而外和由外而内的运动为特征。虽然数字人文在“传统”人文学科中拥有坚实和完善的理论背景，但它往往更关注方法而不是理论，首先是因为方法论的争论比理论的争论更容易解决[2]。

与数字人文相比，图书情报学的发展似乎遵循相对简单的轨迹，可以描述为从外到内的运动。这意味着在其案例中，实践显然是先于理论的，即图书情报学起源于图书馆职业实践。虽然学科和职业之间的关系往往是困难的，但这两个学科的“方向性”起源既不是优势，也不是劣势。它们的文化维度也是如此，文化被理解为一个“包括知识、信仰、艺术、道德、法律、习俗以及人类作为社会成员所获得的任何其他能力和习惯的复杂整体”。积极参与文化领域与记录信息的使用有关，而图书情报学与其他文化记录相关的学科扎根于人文学科。数字人文对计算的依赖也有不可否认的文化维度，因为计算机代码可以作为数字文化的索引[3]。

在数字人文宣言2.0中，“革命”一词反复出现。数字人文基于这样一种理解：印刷不再是它唯一的和规范的媒介，因为数字工具、技术和媒介已经改变了知识的生产和传播。因此，有人建议数字人文“必须塑造一个未来，在这个未来中，数字技术的媒介特性成为其核心，印刷被吸收进新的混合传播模式”[4]。

---

[1] Warwick，C.（2012），“Institutional models for digital humanities”，in Warwick，C.，Terras，C.M. and Nyhan，J.（Eds），Digital Humanities in Practice，Facet，London，pp. 193-216.

[2] Cecire，N.（2011），“Introduction：theory and the virtues of digital humanities”，Journal of Digital Humanities，Vol. 1 No. 1，available at：http：//journalofdigitalhumanities.org/1-1/introduction-theory-and-the-virtues-of-digital-humanities-by-natalia-cecire/（accessed 22 January 2016）.

[3] Berry，D.M.（2012），“Introduction：understanding the digital humanities”，in Berry，D.（Ed.），Understanding Digital Humanities，Plagrave McMillan，Basingstoke，pp. 1-21.

[4] Schnapp，J. and Presner，T.（2009），“Digital humanities Manifesto 2.0”，available at：www.humanitiesblast.com/manifesto/Manifesto_V2.pdf（accessed 22 January 2016）.

4.4　共同的优点和缺点

数字人文的本质，从它的起源就被争论。图书情报学也是如此，但程度不如数字人文。这可能会导致一个结论，即两者都是弱学科。然而，这种判断可能为时过早。

图书情报学已经被各种术语所命名，其中信息科学这个术语仍然很流行。数字人文是由人文计算发展而来的。这两个学科的术语反映了各自的认识论中的话语转移和变化。对于两个学科而言，命名问题可能都是一个弱点。但是，这可能是有关特定学科性质的持续，也许是健康的讨论的迹象。

从某种意义上说，图书情报学是一门小学科，因为我们不能期望大多数大学会有一个图书情报学系，就像我们可能期望找到数学、历史等系那样。然而，少量并不一定意味着软弱。作为一个多面的元学科，图书情报学也是分散的。首先，从事这个领域工作的人并不总是在这个名称的部门。即使有了图书情报学系，它们也存在于学术结构的不同领域：技术学院、人文学院、社会科学学院、商学院等。这也不是弱点。恰恰相反，它是一种力量，因为它确保了学科总能找到自己的归宿。数字人文在上述意义上也是一个小的学科。图书情报学和数字人文经常位于相同的学术单元。

数字人文不是一个统一的领域，而是一系列聚合的实践。除了有坚实的基础，它是务实的导向，这显示出与图书情报学与图书馆事业的关系的相似性。就像上面提到的维基百科定义一样，理解数字人文的一种潜在方式是将它定义为一个研究领域。这种方法类似于图书情报学的定义，即它关注于一个主题或感兴趣的主题，使用任何形式的知识来研究它。

图书情报学和数字人文确实有关联，它们有共同的接口，也在共同的认识论层面，应该有更多的共同兴趣。这两个学科并不是毫不含糊的薄弱。显然，两者都有弱点，必须面对它们所争论的问题，必须解决源于它们不属于已确立的“大”学科这一事实的问题。

4.5　图书情报学和数字人文的双向构建

4.5.1 基础设施共建：工具开发与平台建设

建设数字生态空间是为了满足信息资源处理、服务和管理等活动的开展，同时也是两大领域共同关注的问题。

① 开源性工具应用。作为两大领域关联共建的重要组成部分，为了更新服务于人文社科研究的开源性计算工具，我们需要图情档学科参与其中，在这个过程中，图情档领域不断完善自身工具的开发使用并且也使数字媒介的发展应用更加广泛。在数字人文工具体系的建设中，情报学相比于图书馆学和档案学参与建设范围更广，受益也最多，数据处理工具的更新和应用促进了信息资源管理领域研究发展。

② 开放性平台建设。数字人文支撑平台的开发和构建具有重要意义，如相关网站、系统及关系数据库的建设。图书馆在连接资源、工具和研究人员中发挥着重要的作用。就像在建设中国历代人物传记资料库（CBDB）的时候就和北京大学图书馆、上海图书馆等单位展开合作，共同打造哈佛大学数字中国研究通用基础设施。

③ 协作性空间打造。目前，两大领域互动融合的发展势头逐渐向协作性网络的打造发展，目的是形成一个整体的活动空间，在这个空间中包含四个方面，涵盖人员、资源、平台实体与虚拟联动。图情档领域的许多机构已经和部分的数字人文实践项目实现了资源共享，已经打破地域和部门的阻碍，开始进行跨地域、跨部门的

协作性网络基础设施建设，因此，在协作性网络基础设施建设的基础上，推动图书馆和档案馆的基础设施完善，进而重新思考生存空间和实践空间。

4.5.2 信息资源集成：多元管理环节优化

信息组织、数据关联发布等是图情档领域参与构建数字人文仓储建设的重要组成环节，同时使自身的管理环节和体系建设得到完善。对应于管理环节：

① 信息采集与加工。作为两大领域交融互构的出发点，一方面，模拟态资源的数字化在图情档领域中发挥着重要的作用，为其馆藏资源数字化建设所需要的相应实用工具进行了升级。为了满足人文研究和知识表达的需要，我们提高了多维资源的管理和开发能力，并探索在情感分析领域研究中的技术和方法。另一方面，网络信息的爬取聚合及加工处理等原生数字资源的规范化处理，也是共建要点。

② 数据描述与标引。构建一个满足知识服务或学术研究需要的数据集，是图书情报学和数字人文共建有序化信息资源的基础。收集并处理语料资源之后，需要结合其他学科的背景和知识以及研究需求，运用关联数据等技术对信息资源加以语义标注，这一过程一定程度上促进了图情档领域和数字人文领域的交流发展。

③ 成果存储与发布。维护人文信息资源建设成果以及对其提供服务是两大领域互构进阶不能缺少的组成环节：一方面，从可持续发性来说，存取和维护是实现数字人文实践可持续发展的重要组成因素，图情档领域可以提供专业支持也可以提供优化合作的理念。另一方面，数据产品的开放获取出版也是关联共建的一个重要节点。

4.5.3 项目管理中的图书情报与数字人文

（1）助力统筹：项目开发与设计

图情档领域在实践中主导或协助数字人文项目设计、运营等方面。图情档作为数字人文项目的重要参与者和受益人，图书馆负责很多项目的运营、管理和维护等工作。所以推进图书馆的角色转变与职能拓展就成为图书情报与数字人文双向建构在这一环节的主要体现。

数字人文项目实践的开始需要有跨学科团队的支持，图书馆具有整合各部门资源的天然优势，能够实现各部门之间的重要联系和沟通。图书馆发挥了联络和管理的作用，促进了人文学者与相关技术人员的交流互动，明确了团队成员的定位以及所承担的任务，并根据项目推进的阶段性的建设需求优化团队建设。

（2）全程参与：项目运营与维护

数字人文实践能够顺利开展是需要相应基础条件来保障的，这一条件保障来自图情档规范化的数据资源。比如，在开展数据驱动的项目相关工作时，图情档等信息管理部门为数据驱动项目提供的数据管理相关服务就发挥了重要的作用，确保项目进展成功。图书馆可以提供出版服务，如数字人文项目成果的出版以及知识产权保护。此外，数字人文促进了学生和研究人员在数字人文领域的互动，通过举办数字人文研讨会，交流数字人文领域的意见，开展数字人文宣传，搭建数字化学研究服务空间，促进社会公众交流互动。

（3）后端延伸：项目审核与评估

制订或审核数据管理计划或存储计划是图情档领域做出专业贡献的重要环节。项目的审核与评估能够帮助图情档领域找到数据化的信息管理形式。与参与数字人文项目一样，在项目质量评测以及项目可持续性等方面也需要图情档领域作为参与其中，并将之应用至本领域中。

4.5.4 教学活动的互通延展

（1）跨界融合：定位人才培养目标

数字人文领域在培养人才的时候不可以忽略对信息内涵和信息管理能力的掌握，与数字人文领域相似，图情档领域在数字转型中有必要发展能够对人文与技术有足够认知程度和理解能力的人才。两大领域在人才培养目标时包含三个层次：首先是技能更新方面，对于数字工具的使用是两大领域共同关注的问题，数字化的计算工具在图情档领域中有着建设性的意义，尤其是当图情档参与到数字人文领域建设中时，并融合信息技术进行人才培养的体系重构，设立考核标准，培养高质量领域人才；其次是知识拓展方面，核心知识体系建构与前沿知识拓展也是数字人文和图情档学科所共同推进的；最后是思维演化，数字人文学科教育中思维一词日益受到广泛关注，也经常在讨论中被提及，跨学科视野和批判性思维在不同领域的交流合作中逐渐对图情档领域专业思维的延展产生一定的影响。

（2）能力互补：丰富设置课程方案

图书情报和数字人文领域在教学课程设置方面就有交融构建的聚焦点，其中就包括三个素养，分别是数字素养、人文素养和信息或数据素养，从而进一步拓展教育边界，由此表现为：一方面，在探讨数字人文课程体系架构与开发中，发现信息资源建设和利用与信息实践的运营与评估已经成为课程体系架构的重要组成部分，在图情档领域建设的数字人文课程体系的基础上，更新思路，指明方向，为数字人文教学的开展提供保障；另一方面，数字技术的更新迭代，数字人文蓬勃发展和广泛延展为图情档领域学科方案提供重构机遇和技能机遇，美国图书馆协会也试图把数字人文相关课程纳入图书情报领域的硕士课程建设中，通过吸收专业知识和相关技术，提升信息管理人才的整体素养。在探索数字人文课程教育中，图情领域还加强了对课程内容的调整。

（3）形式延展：多样化教学方式

图书情报与数字人文这两大领域的互建还在于通过跨界融合以及多元化的教学方式，提供一个维度到另外一个维度的概念和资源，如技术、人文和管理。特别是从数字人文到图情档领域的层次方向发展，在培养图情档人才的实践训练中，合理的数字人文课程体系设置能够提升整体人文素养和技术能力，另外，管理思维等方面也能得到高效训练。在探索以数字人文为导向的教学活动时，图情档领域也尝试与项目实践活动相结合，增强知识传播的真实性和生动性。

第五章

数字人文：数字材料的驱动力

5.1 人文学科——问题是什么？

20世纪60年代以来，人文学科中开始引入“数字化”，这一转变缓慢地影响了人文学科，现在正迅速大规模地出现。通过引入数字分析工具，使研究对象以数字形式可用，人文学科已经数字化，通过建立数字通信手段，在研究过程中进行合作、讨论和传播研究成果，并与整个社会互动。对于在人文学科中引入数字技术背后的驱动力，目前还没有很多尝试进行系统的研究：如果数字在人文学科中的地位越来越重要，那么原因是什么？

毫无疑问，由于许多人文学科所研究的材料来源和数据已经从模拟材料变为数字材料，人文学科的核心已经发生了一次重大而不可逆转的转变。一些数字可以说明这一点。2000年，75%的存储数据是模拟数据（纸张、胶片、照片打印、盒式磁带等），但在2007年，这一比例下降到7%，2012年下降到2%。从1453年到1503年，印刷机问世后，印刷了800万册图书，从而使世界文字材料在50年内翻了一番。今天，数字数据量比每三年翻一番多一点，而模拟数据量几乎没有增长。谷歌（Google）每天处理超过24PB的数据，是美国国会图书馆所有印刷材料数量的数千倍。脸书（Facebook）每小时上传超过1000万张照片，油管（YouTube）上每秒上传超过1小时的视频。

尽管这些数据可能会受到质疑，但趋势无疑是明确的：在过去十年里，我们目睹了从模拟材料到数字材料的重大转变，我们可能只看到了这一转变的开始。因此，

第五章　数字人文：数字材料的驱动力

21世纪人文学科的主要变革因素之一是从模拟材料向数字源材料的转变。由于越来越多的源材料是以数字形式出现的，而且在越来越多的情况下只有数字形式出现，所以没有人可以选择不使用数字，而人文学科的根本问题可能不是是否应该在人文学科中引入数字，而是如何引入。值得注意的是，随着源材料从模拟到数字的转变，学术活动的分析、工具和交流手段在许多情况下也必须改变，因为在与数字研究对象交互时，使用数字支持的方法越来越成为一种必要。

5.2 数字与人文的交互——数字人文

（1）数字化

在有关数字人文学科的文献中，提到数字化往往集中于计算机作为人工制品的历史发展及其在人文学科中的应用，而没有系统地思考“数字”和计算机的数字化，这正是其数字化方式的特征。

这种数字化方法的结果是，在一个非常基本的层面上，数字计算机可以被理解为一个“书写机器”，在计算机的各个层面上，字母被组合成“文本”，这些文本可以在任何时候编辑，甚至可以编辑到各个位。将计算机的基本数字化纳入对数字人文学科的理解，构成了数字人文学科所有具体形式可能性的条件。

（2）人文学科

人文学科总是以复数形式出现。复数指的是许多人文学科，但人们也可以将其视为一个迹象，即“人文学科”是一个非常多样化的领域，它是什么并没有共同的定义。尽管如此，还是有可能找出一些在人文学科定义中经常涉及的主题。

第一，必须解决界限的问题：什么是人文学科的内 / 外？人类学是社会科学还是人文科学的一部分？法律是否应该被视为人文学科或社会科学的一部分？传播是人文学科或社会科学学科吗？我们应该如何看待文学和医学等新学科？

第二，关于人文学科的讨论往往围绕着一个问题，即是否可以确定一个单一的、界限明确的研究对象，以及一套可用于所有学科的主要理论和方法论。

第三，人文学科的目标往往被视为这一领域的一个决定性特征，例如，人文学科是应该为人类和人类文化的进步作出贡献，还是应该具有更具描述性的性质，或是应该转化为个人、社会或工业价值。

第四，人文学科可以基于纯粹的高等教育和研究行政区划来界定，这是一个更为正式的论点，它的制度联系决定了什么是人文学科（人文学科只是属于一个机构实体，如人文学院）。

虽然没有对人文学科的精确和一致的定义，但这四个主题构成了大多数试图界定人文学科的反复出现的问题。因此，任何这样的定义都构成了对四个主题中每一个问题的具体回答：什么是边界、研究对象、理论和方法、目的和机构联系？这些答案在历史上千差万别，可能取决于国家背景。因此，很难用一种明确的方式来界定“人文学科”，以期用这个定义作为理解数字人文学科的垫脚石。相反，一个人必须满足于这样一种观念：人文学科是一个模糊而复杂的领域，在不断建设中，而且人文学科有很大的差异。

（3）数字人文

任何试图定义数字人文学科的尝试所面临的最大挑战之一是，“数字”和“人文”都没有明确的定义。尤其值得注意的是，“人文”的模糊性和复杂性并不会因为这个词与“数字”结合而消失或消退。相反，许多差异仍然存在，甚至可能会成倍增加，任何在没有定义人文学科的情况下定义数字人文学科的尝试，都会反弹到对人文学科理解的讨论中。

因此，从“数字”开始可能是更好的解决方案，例如，基于上述数字的基本定义。这种方法并不能解决人文学科的复杂性，但它为讨论如何理解人文学科与数字技术之间的接口提供了一个最小的共同点。

尽管对人文学科有不同的理解，但在学术研究和实践中，越来越多地利用计算机，以适应待定的需求。这个定义的优势在于，一方面它，为数字人文的任何详细定义提供了一个共同的基础，即数字化的概念化。另一方面，它是开放的和灵活的，它包含了在理论上或具体的学术实践中确立的对人文科学的各种详细理解，以及计算机使用的实例。必须强调的是，“数字化”与“人文”的相互作用并不是从“数字”到“人文”的单向确定性逻辑，而是理解为“数字”与“人文”的塑造与再塑造的辩证互动关系，二者是相互依存的。

5.3 数字人文领域中的三种数字材料

人文学科和数字学科之间的联系与要研究的材料有着非常基本的关系，主要是因为如果研究对象不以数字形式存在，那么使用数字分析工具就没有任何意义。

5.3.1数字化材料、原生数字材料和再生数字材料

一方面，各种数字材料都有一个共同的特征，即数字化。另一方面，这种数字化已经嵌入一系列语义、技术和学术结构中，这意味着数字材料不仅仅是数字化的，它以多种方式数字化。基于数字材料的起源，以及对三种主要数字材料类型的区别，提出了数字材料的一般类型：数字化材料、原生数字材料和再生数字材料。

数字化材料是指已经数字化的模拟材料，如纸质文件、羊皮纸，或广播电视等电子媒体，甚至是图片或艺术品的三维模型。无论是以数字方式将输入的图像转换成数字图像，还是以数字形式记录的文件，都可以方便地将其转换成声音文件。数字化材料的主要特点是，它们的“数字化”是基于非数字化的原材料，在许多情况下仍然可以检索到，因此它可以作为一个基线。

原生数字材料是除了数字以外从来没有以任何其他形式存在过的材料。这包括数字媒体（如 CD、DVD 或 internet）上的所有类型的材料。这种类型的数字材料没有类似的原件可供追溯，我们只有数字原件或原生数字。

再生数字材料是指被收集和保存的、在收集和保存过程中发生了很大变化的原

生数字材料。这方面的例子是模拟计算机游戏或网络档案中的材料。

5.3.2 人文学者研究过程中的数字化：一种系统的方法

这三种类型的数字材料的具体性质对学者在研究过程中如何使用都有影响。在更详细地讨论数字世界是如何展开的之前，让我们先看一看数字时代出现之前研究过程通常是如何展开的。研究过程可归纳为四个主要阶段：收集研究材料、对其进行分析、对结果进行辩论和随后的传播。这可能是一个反复的过程，例如，分析可能意味着必须获取新的材料，讨论可能导致分析的修正，传播可能会影响到之前的所有步骤，产生迭代。

这个非常普遍的模型不一定适合所有的人文学科，但它提供了一个很好的思路，即数字技术在以后的大多数学科研究过程中的位置。在当今的数字世界中，被呈现为两个截然不同的世界——模拟世界和数字世界——在实践中经常混杂在一起，甚至声称是数字人文主义者的学者在其研究的各个阶段都在模拟和数字之间切换。

这一方法的关键论点是，研究材料的性质在很大程度上决定了——或者至少确定了——四个步骤中的每一个步骤的可能性。模拟材料必须以“模拟”的方式收集，这意味着学者必须通过实际移动到它们所在的位置来访问这些藏品或物品；分析必须依赖于辅助工具，如打印索引、索引卡上的记录，以及一些实体建筑和机构中物品的排列方式持有藏品（例如图书馆、档案馆和博物馆）。讨论通常必须面对面地进行，例如在会议上，或在会前出版物，如会议文件中进行，传播过程在印刷媒体如书籍、期刊或报纸上进行，也可能在电子媒体（广播、电视）中进行。

但研究对象的相似性不仅会影响研究的四个阶段。它们的性质在更详细的层面上也有影响。因此，系统地区分了符号学和非符号学的研究对象。例如，从过去流传下来的符号学文件可以是基于离散单元（例如，带有文字或静止图像的文件、书籍、报纸或带有文字、声音和运动图像的电影 / 电视）的符号系统对象，而传下来的非符号对象是任何种类的人工制品。至于学者自己创造的研究对象，这类材料也可以是符号的（例如，录音采访、实地考察笔记、纸上调查等），也可以是非符号的（例如设计模型）或是对过去的人工制品的重建（例如实验考古学）。必须强调的是，这两组区别是为了确定不同类型研究对象的最主要特征而进行的分析性区分。因此，符号学和非符号学之间的明确区分淡化了这样一个事实：符号材料也是人工制品（书籍也是人工制品），人工制品本身也意味着某种东西，尽管它们不“携带”符号系统，例如书信（古代武器可以是文化力量的标志）；至于后一种区别，从过去流传下来的材料从来都不是一成不变的，而是学者们为了创造他或她自己的研究对象而选择的，而学者们自己在这里和现在对研究材料的创造往往依赖于传下来的材料。

现在让我们来看看这是如何在一个数字世界中展开的，在这个世界里，学者们面临着上面概述的三种主要类型的数字材料。

研究材料的性质为研究过程中的四个步骤中的每一个步骤设置了一系列可能性，这一事实也适用于数字材料。与模拟材料相比，如果是在线的，数字材料可以在远处收集，用于搜索、过滤和分析研究对象的数字工具可以支持分析，数字材料开辟了一系列新的讨论方式（例如博客、维基）以及传播和交互（例如，计算机文件、数据库、网站、虚拟世界、地理信息系统、交互式地图和时间线等可视化效果）。

5.4　再生数字文本——以存档网站为例

我们可能会有这样的印象，即在网上总能找到东西，但网络内容的变化却是前所未有的。认识到在线网络的这种不断变化的性质，再加上对其对我们社会日益重要以及作为未来历史来源的重要性认识，构成了文化遗产机构和学者个人将网络转变为存档网站的主要推动力。

网络归档是指任何形式的有意和有目的地保存在线网络材料。网络存档有两种方式可以区分：宏观和微观网络归档。宏观网络归档是指由国家图书馆等专业档案机构开展的网络归档工作，其目的是保护民族、国家的文化遗产，并在未来尽可能多地开展各种研究项目。

微观网络归档是指由非专业网络档案人员，例如，与某一特定研究项目有关的个别学者或学者团体进行的网络归档，其目的是保存与所涉研究项目相关的材料。

数字化的基础是存在一个在大多数情况下是稳定的模拟原稿，无论是羊皮纸上的文件、报纸，还是磁带上的广播或电视广播。相比之下，要归档的网络原始文件在严格意义上要短暂得多。如上所述，它很可能在很短的时间内发生了变化或消失，因此没有可追溯的原始材料。

（1）什么是归档？如何归档？

在开始数字化模拟采集之前，主要关注的是将什么数字化；而如何数字化主要局限于使用哪些软件和硬件以及如何协调安排。

网络可以以多种方式归档，每种方式都会产生真正不同的版本。例如，必须决定归档应该从何处开始和停止，是否应包括 / 排除特定的文件类型，是否应允许归档在其他服务器上检索材料等。因此，“归档什么”的问题也适用于网络归档，但更重要的是如何归档网络。严格地说，归档网站在归档之前并不存在，而只是在归档过程中创建的，如果两个归档机构决定在同一时间点对同一网站进行归档，结果很可能会因归档的不同而有所不同设置。因此，与数字化馆藏不同的是，在如何对同一模拟对象进行数字化方面的差异可能只会导致两个馆藏之间的细微差异，而如何在网络档案馆中进行归档通常会产生两个独特的，但是不同的版本。

（2）透明性与不透明性

数字化的过程在很大程度上是透明的：档案机构对要数字化馆藏以及数字化过程中发生的事情有一个总体的了解。

网络归档过程并非如此。由于种种原因，网络归档是一个更加不透明的过程，主要是因为一旦归档软件启动，人们永远不知道“外面”会发生什么。可能会出现技术问题，例如，归档过程可能只是停止，它可能偏离轨道，如遇到爬虫陷阱或机器人陷阱（如生成新链接的页面）（这两种情况都会对网络服务器产生无限的请求循环），或者可能遇到无法归档的文件或软件格式（流式视频、java 脚本等）。正在归档的网站可能会在归档过程中发生变化。我们不能指望回去检查原件，因为它可能已经不见了，也可能变了。

（3）时间点和连续性

一般来说，被数字化的模拟媒体通常有一个时间点（如印刷媒体的出版日期）或具有明确起止时间的时段（如广播和电视）。

网络有一个完全不同的“发布周期”。整个网站既不在特定的时间点发布，也不在一个明确的时间范围内发布，而是一个连续的发布，没有明确的开始和停止时间。此外，“发布者”通常不会在网上提及发布时间。其结果是，网络归档材料的时间细分（例如以天为单位）是由存档机构添加的，因此不是归档材料的固有部分，因此它是随机的和可编辑的。

（4）从副本到版本

网络归档的不同方式与过程的不透明性相结合意味着网络归档过程的结果不能

被视为1∶1比例的副本，类似于相同副本的数字化对象也是如此。在数字化馆藏中，通常每个文件只有一份副本，无论是手写稿、报纸还是广播，基本上是因为只有一份原件，没有充分的理由创建更多相同的副本。

数字化馆藏主要是基于原始的模拟馆藏。在某种程度上，网络档案也可能是这样，即如果网络档案为每个存档网站创建元数据（例如，澳大利亚网络档案潘多拉）。但情况并非总是如此，尤其是在使用所谓的批量归档策略的网络归档中，大量的网站都是基于要归档的所有域名的列表，或是基于已归档内容的链接。

由于上述各节所述的原因，网络档案馆可能并不确切知道档案中有什么，而且由于缺乏系统的登记，这种状况会更加严重。

21世纪初，人文学科的主要变革因素之一是从模拟材料到多种数字源材料的转变。一方面，人文学科正变得越来越“数字化”，其原因是上述从模拟材料向数字材料的转变，以及使用这种材料允许并日益必要的数字支持方法的可能性。因此，这种数字化的传播可能会推动人文学科向数字化人文学科靠拢。

另一方面，数字人文学科基本上还是人文学科。人文学科的基本问题、理论、方法和目标基本上没有改变，尽管数字技术的普及给人文学科带来了挑战。数字人文学科本身并不构成一个全新的范式。取而代之的是，它们开辟了一系列的可能性，既可以用新的方式做以前做过的事情，也可以重新思考人文学科的实践，例如，通过整合软件支持的方法和使用数字研究基础设施。

人文学科学术活动的基础发生根本性改变，但也承认这一事实不一定从根本上改变人文科学。不是所有的人文学科都需要成为数字人文学科，但大多数人文学科不会保持不变，因为它们受到研究对象本身的数字化或人文学科中使用的数字化支持方法和工具的挑战，或者两者兼而有之。因此，在21世纪，人文学科与数字人文学科的区别是定量的，而不是质的：人文学科的所有部分都将在一定程度上实现数字化，但并非所有学科都在同样程度上实现数字化。因此，主要问题不是是否数字化，而是或多或少数字化的问题。

第六章

图书馆数字人文基础设施建设

6.1 数字人文基础设施

近年来，随着数字技术的兴起，数字人文领域的研究也有了更多的进展，各机构现在已经开发出了许多面向数字人文的数据基础设施，包括开放数据平台、科研数据管理平台、特色数据库等。目前网络上已经出现了不少开放数据库和科研数据管理平台，例如中国哲学书电子计划（CText）网站所提供的中国历代传世文献、中国历代人物传记资料库（CBDB）、北大开放研究数据平台、上海图书馆家谱知识服务平台、中国历史 GIS 地名资料库（CHGIS）、武汉大学科研数据管理平台、复旦大学基于哈佛大学开源软件开展社会科学数据的共享与交换服务等。

欧洲人文社科在申请欧洲研究基础设施基金方面取得了显著的成功。在“平行线2020（Horizon 2020）”规划中，他们首次呼吁向所有欧洲国家和地区的研究人员开放研究基础设施，从60多个提案中最终选出10个进行第一轮融资。在这些选定的提案中，有两个提案直接来自人文社科，这使他们成为这次呼吁活动中最成功的团体。经过人文学科的数字化转型，人文学科认为他们需要开放互助的跨国研究条件，能够让他们利用欧洲各地的科研基础设施和研究人员继续进行研究。人文学科借助数字技术可以更好地支持日常实践和研究过程，如更便捷的数据存取、数据的长期保存和维护、开放数据资源的获取。为了提高数字技术在人文学科中的应用强度，数字人文学科的研究和相关技术开发是非常必要的。英国《泰晤士报高等教育》（*Times Higher Education*）也发表了这样一种观点，即人文学科研究需要坚实的设施基础和共享新理念，这两者都是研究基础设施的标志性要素。

图书馆作为主要信息资源提供者仍有许多工作要做，不仅要加强获取研究数据的能力，而且呈现这些数据资源时要使其更富有价值。图书馆的主要用户群体一直是人文学科研究人员，为他们提供有价值的数据服务是图书馆的主要职能之一。大数据环境下，我国科研数据除了数量巨大、相互较为独立、关联性不高之外，结构也有很大的差异，图书馆想要为学者提供有序、结构化、有知识价值的数据和服务，完善数据基础设施建设是相当重要的。此外，研究者与图书馆等信息提供机构之间的合作对于改善现有基础设施也十分有用。

基础设施（Infrastructure）是指为社会生产和居民生活提供公共服务的物质工程设施。[1]在此概念基础上衍生而来的数字人文的基础设施[2]是一种支持人文科研活动的基础设施，是指在数字环境下为开展人文研究而必须具备的基本条件，包括全球范围内与研究主题相关的所有文献、数据、相关软件工具、学术交流和出版的公用设施及相关服务等。

对于数字人文基础设施的建设现状相关学者给出了不同的见解，例如，鲁丹等人[3]认为API接口技术在实现资源互联，构建数字人文技术设施的过程中非常重要，在开发数字人文内容库、工具及平台时应将API技术考虑在内。王敬等人[4]认为图书馆涵盖了许多领域的丰富馆藏资源，是大数据时代数据开放与整合的最佳实践者，并预测图书馆将会逐步成为整个社会的数据资源中心。熊文龙等人[5]指出图书馆通过管理科学数据、整理信息并将其融入科学研究过程，有利于科学创新是图书馆为科

---

❶ 百度百科 [EB/OL].[2019-03-15].https：//baike. baidu. com/item/%E5%9F%BA%E7%A1%80%E8%AE%BE%E6%96%BD/3831695？ fr=aladdin.

❷ 刘炜，谢蓉，张磊，等．面向人文研究的国家数据基础设施建设［J］. 中国图书馆学报，2016，42（5）：29-39.

❸ 鲁丹，李欣，陈金传．基于 API 技术的数字人文基础设施的构建［J］. 图书馆学研究，2019（13）：42-46，57.

❹ 王敬，王彦兵．国外科研数据基础设施研究及实践的调研与分析［J］. 情报资料工作，2016（6）：99-104.

❺ 熊文龙，李瑞婻．基于科学数据管理的图书馆数据服务研究［J］. 图书情报工作，2014，58（22）：48-53.

学研究提供更全面的服务而进行的一次重要转型。邢文明[1]分析了JRC作为数据基础设施拥有清晰且可访问的数据使用协议，以便于信息的开放共享，规避科学数据共享与重用过程中的知识产权风险。屈宝强[2]梳理了我国政府、科研机构层面等科学数据基础设施的建设情况，分析了当前科学数据基础设施建设的主要特征及差距，认为科学数据基础设施建设是管理和保存科学数据资源、促进科学数据高效利用的重要条件。

综上所述，虽然数字人文基础设施概念定义尚未明确，但是从相关学者对于数字人文基础设施的建设现状的不同见解可以看出，无论是在科学研究服务、丰富图书馆馆藏方面，还是在促进科学数据高效利用方面，都对图书馆数字人文基础设施建设持一个积极的态度，认为可以帮助数字人文研究者采取互通的方式打开各种研究资料库。

---

❶ 邢文明，郭安琪，秦顺，等.科学数据管理与共享的FAIR原则——背景、内容与实施[J/OL].信息资源管理学报：1-10[2021-02-02].http：//kns.cnki.net/kcms/detail/42.1812.G2.20200909.1157.002.html.

❷ 屈宝强.中国科学数据基础设施建设及发展对策研究［J］.情报工程，2020，6（1）：11-21.

6.2 数字人文数据基础设施

随着研究领域的深入与拓宽，许多新的概念从“基础设施”一词的含义上衍生出来。如通信管网（由光纤 PSTN、同轴电缆、以太网线及其管道资源等组成）、无线基站、中继设备、各级机房以及相关配套的电源、建筑等组成的“信息基础设施”；开展教育工作离不开空间、环境、基建、学校设备等必需的“教育基础设施”物质资料；欧盟委员会将“研究基础设施”定义为“研究团体确定的在其领域开展顶级活动的具有独特性质的设施、资源或服务”，它们可以是单点的、分布式的或虚拟的，这些设施、资源或服务通常会产生大量需要数据管理的数据。

为了支持人文科研活动、推动数字人文研究进程，各机构组织开发的一系列与研究主题相关的数据库、资源库、相关软件工具、学术交流平台、公共设施以及相关服务等就构成了“数字人文基础设施”，就数字人文学科研究基础设施而言，许多用于整合的“数据”并不是基础设施本身的产物，而是 GLAMs（主要是档案馆和图书馆）活动产生的主要原始资料。

“数据基础设施”是支持数字人文研究的基础设施的一部分，主要聚焦于数字人文研究基础设施中的内容、数据和知识部分的生产和组织，主要关注的问题包括数据保存、数据共建共享及数据标准的建立等。夏翠娟[1]分析了面向人文研究的“数据基础设

[1] 夏翠娟 . 面向人文研究的“数据基础设施”建设——试论图书馆学对数字人文的方法论贡献［J］. 中国图书馆学报，2020，46（3）：24-37.

施”的一般性功能需求和技术规范。包括跨机构的共建共享、跨网域的开放获取、跨领域的知识融通、跨时空的版本迭代四个方面。并以上海图书馆数字人文主义实践为例，论证了书目控制、规范控制、知识组织、文献询证方法、关联数据、知识图谱、大数据等技术可以为“数据基础设施”的建设做出一定的方法论贡献。

由于数字人文的研究方法和研究过程与传统人文学科不同，所以研究使用的方法、工具、平台等与传统科学研究基础设施也有所差异。刘炜等人[1]认为面向数字人文的基础设施基本上可以分为三个层次：核心层、中间层、外层。核心层是由文献资源及其服务机构组成，如大学、研究所、图书馆、博物馆及美术馆等，为数字人文提供基本的研究素材；中间层由基金会、资源库、机构存储、计算设施、系统平台、工具软件、领域专家和数据科学家组成，是数字人文研究活动的主题，数据科学提供了其共同的方法论基础；外层是数字人文成果发布、与社会互动和社会影响的界面层，以门户或平台形式呈现，如数据分析平台、可视化呈现平台、SNS交流平台、开放（语义）出版平台等。三个层的因素相互作用，形成一个可自我运行并持续发展的有机整体，构成数字人文基础设施，为人文研究提供全面深入的资源和完善的存取手段，以支持现代研究过程（主要是基于数据的研究）得以顺利进行。

[1] 刘炜，谢蓉，张磊，等．面向人文研究的国家数据基础设施建设［J］．中国图书馆学报，2016，42（5）：29-39.

6.3　基于 API 技术的数字人文数据基础设施构建

API 全称为应用程序接口（Application Program Interface），应用程序接口是一组定义、程序及协议的集合，通过 API 接口实现计算机软件之间的相互通信[1]。API 是一些预先定义的函数，提供应用程序与开发人员基于某软件或硬件得以访问一组例程的能力，而又无须访问源码，或理解内部工作机制的细节。

API 的一个主要功能是提供通用功能集。程序员通过调用 API 函数对应用程序进行开发，可以减轻编程任务。API 同时也是一种中间件，为各种不同平台提供数据共享，是操作系统留给应用程序的一个调用接口，应用程序通过调用操作系统的 API 而使操作系统去执行应用程序的命令。

由于人文学科研究者往往都对特定领域有着不同的兴趣，所以人文学科中的大量工作与自然科学中的研究有所区别，研究内容涉及不同的具体工作或语料库、历史事件或时期、文化、艺术品或艺术家等。虽然现在网络上已经出现了许多开放数据平台、数据管理平台以及一些面向数字人文的知识服务平台，但这些平台或数据库间相互独立，缺失连接，难以形成结构化、可互相操作的知识服务体系。

增加获取和分享科研数据的机会在不久的将来会成为数字人文亟待解决的问题之一，建立一系列面向数字人文的数据基础设施不仅可以规范管理数字人文数据资

[1] 360 百科 https：//baike.so.com/doc/5301-5425.html.

源、以开放的形式向全社会提供有价值的数据，还有利于长期保存科研数据，提升数据使用价值。API 技术作为应用程序互联的媒介，能够将网络上各数据库、平台、工具连接在一起，能够将不同数据集数据进行整合，将本来各自孤立的数据资源共建共享，应用 API 技术构建数字人文基础设施可以为数字人文研究者提供开放共享的科研环境和资源服务。

在构建数字人文基础设施时，应用 API 技术可以对各模块进行有效互联。鲁丹[1]架构的基于 API 技术构建数字人文基础设施分为：

① 基础设施元素层。即数据资源提供者，大致包含专业数据库的数据基础设施元素，如人员、时间、地点、官职和古籍，以及网络基础设施元素。基础设施元素层通过 API 接口服务开放自己的数据和资料，为面向人文加研究的用户提供可靠的数据。

② API 接口服务层。作为中间层将数字人文基础设施元素互联，构建数字人文环境和服务，为研究人员提供资源服务。

③ 应用平台层。一个信息集成平台，聚合分散和异构的应用程序和信息资源，实现结构化数据资源的无缝访问和集成；非结构化文档和互联网资源以及不同的应用系统，通过数据库和系统平台，通过单一的访问门户，提供支持信息访问、传输和协作集成数字人文环境的平台，为用户提供数字化的人文资源、服务、管理等。

④ 应用终端。由用户接入访问进行信息输出，用户可以是研究人员、教师、学生或管理人员；终端可以是移动终端、计算机终端和其他移动设备。

---

[1] 鲁丹，李欣，陈金传．基于 API 技术的数字人文基础设施的构建［J］. 图书馆学研究，2019（13）：42-46，57.

6.4 相关实践

6.4.1 武汉大学科学数据管理平台

武汉大学科研数据管理平台[1]是武汉大学图书馆为全校师生提供的一项实现数据保存、数据管理与数据共享的服务平台。该平台由教育部“211工程”三期建设支持，是中国高等教育文献保障系统（CALIS）项目下的一个预研类项目。项目由武汉大学图书馆主持，旨在研究科学数据平台建设流程、方法及科学数据管理的各类标准规范。

武大师生可以通过该服务平台创建自己的数据库，进行数据的长期保存及对外发布，实现数据共享；同时，还可以通过该服务平台查看、获取、使用本平台已发布的各类数据资源，更好地为教学科研服务。目前该服务平台已向全校师生提供“武汉大学生命科学学院”“武汉大学社会学系”“武汉大学信息管理学院””武汉大学图书馆”4家研究机构的数据浏览，提供的共享科研数据有“蝎物种资源数据库”“武汉市远城区城镇化综合评价指标体系研究”“反剽窃实现下的相似信息动力传播学研究”“图书馆读者调查数据”等。

该平台是以开源软件Dspace为基础建设的高校科学数据管理平台，平台开发人

[1] http：//sdm.lib.whu.edu.cn/jspui/.

员已基本建立了数据提交、数据组织、数据保存、数据共享、数据使用等规范。现在已在武汉大学中选择了部分项目进行试点，以期将高校中分散的科学数据集中，提供长期保存并实现数据的共享和再利用，从而提高高校学术交流效率和成果产出速度，促进科学研究。

6.4.2 康奈尔大学 DataStaR 数据仓储

康奈尔大学图书馆致力于研究数据检索挖掘工具的研发工作，为了保存生态系统和农业学科的研究数据，建立更多共享科学数据和发现更多数据集，康奈尔大学的图书馆与圣路易斯华盛顿大学合作，从多个学科的研究人员那里收集信息，通过深度访谈和案例研究来报告和总结研究结果，分析研究人员的需求和偏好，开发了 DataStaR❶ 数据仓储平台。

DataStaR 被定位为文档化社区开发环境中的一个开源项目，将为其他机构提供一个平台，以便根据其自身研究人员的需求以及图书馆或其他相关单位的服务支持能力来开发服务。

用户将实验所得数据汇总录入电子表格成为数据集，再上传到 DataStaR，系统便会根据用户注册信息以及数据格式自动生成一些基本元数据。DataStaR 系统主要由以下四部分构成：

① 一个基于 Fedora 的库，主要用于数据集存；

② 基于 Vitro 的语义元数据存储库；

③ 用于对文件格式进行批量自动识别的开源工具：数字记录目标识别程序（Digital Record Object Identification，DROID）；

④ 用于向外部永久存储库传输文件的内容转移协议——面向存储的简单网络服务协议（Simple Web Service Ofering Repository Deposit，SWORD）。

访问层控制谁都可以访问系统，并允许用户向其他人授予对其内容的访问权限。用户可输入关于他们自己和他们的研究小组的元数据以及他们数据集的元数据。上传的数据文件的格式由 DROID 确定，并与其他特定于文件的信息一起存储在语义元

---

❶ 数据阶段型存储序（Data Staging Repository, DataStaR）.

数据存储库中，而数据文件则存储在 Fedora 存储库中。为了发布和直接分发给用户，XML 元数据是从语义元数据存储中编写的。在某些情况下，也可以通过 SWORD 协议将数据和元数据直接下载或传输到用户或档案存储库中。

研究人员可以将数据集上传到 DataStaR 存储库，创建最基本的元数据，以及将数据和元数据的访问权限授予选定的同事或公众。在上传时，用户必须指明要发布的目标存储库，但如果用户未决定或仅打算将 DataStaR 用于共享数据而非公开，则可以选择“待定”。如果未选择任何存储库，则会向用户提供一个简单（可选）的表单，以获取其他元数据。选择特定的目标存储库会触发显示适合该存储库的元数据表单，尽管在用户准备发布数据集之前不需要完成此表单。在发布之前或发布时，用户完成所需的元数据，并根据需要咨询项目库。数据集如何从 DataStaR 移动到目标存储库的细节各不相同，具体取决于外部存储库的提交机制。在某些情况下，外部存储库可以直接从 DataStaR 存储；在其他情况下，需要人工中介。

共享研究数据有助于研究人员之间的协作研究，如果共享范围更广，就有可能推动某一学科甚至跨学科的进展。但共享数据是把双刃剑，也会存在一些威胁，这些威胁可能是文化或社会学的（共享可能不是某些学科的规范）、程序性的（保密或商业化的担忧可能会减轻对共享的影响）、技术性的（合适和可访问的基础设施可能根本不存在），或后勤（研究人员缺乏分享数据的技能和 / 或时间）。所以 DataStaR 起初是为了作为“数据暂存存储库”被开发的，该项目旨在以某种方式支持研究过程，鼓励更广泛地共享数据，减少技术因素上和后勤因素上的阻碍。

DataStaR 既是一个平台，也是一组服务项目，旨在以研究人员控制的方式促进数据共享，并将数据和元数据发布到适当的存储库。DataStaR 主要关注“小型科学数据集”的支持，这些数据集不需要专门的存储、管理和访问基础设施。DataStaR 本身只是一个临时的数据存储库，工作版本或准备提交给永久数据存储库的最终版本都由研究人员共享。

数据暂存存储库有许多优点，对于用户来说，DataStaR 提供了一个可管理和控制的环境，用于与选定的同事协作、有价值的研究数据的异地备份、以各种格式创建元数据的工具、重用以前创建的元数据中的信息等，以及图书馆员在确定适当的出版策略方面的帮助——为出版准备数据和元数据，另外，对于那些负责保管在他们机构中创建的研究数据的图书馆员来说，DataStaR 中新数据集的到来标志着一个管理机会的出现。DataStaR 不仅可以支持研究过程，同时还鼓励和支持用户将数据集发布到永久存储库，促进科研数据共享，提高数据价值。

第七章

面向数字人文的图书馆开放数据平台建设研究

7.1 数字人文开放数据平台

大数据时代，图书馆作为公益性的信息服务和传播机构，肩负着海量文献资源的搜集、储存、传播等责任，随着图书馆所有文献资源的快速增长，图书馆应构建一个满足大数据平台实时分析和实时传输需求的面向公众开放的网络，使用大数据技术对文献资源进行处理，挖掘出有价值的数据资源供学者和研究者使用，以提高数据资源的利用率。为确保大数据资源存储管理的高效、舒适和安全，还需要优化开放数据分析平台结构，有效提高开放数据分析平台的可计算性。

国内近年来也出现了一批面向数字人文的开放数据建设的研究，大部分以上海图书馆为示范点进行开放数据的基础设施建设研究与技术模型架构，并发布了许多成果，例如，刘炜[❶]认为关联数据与网络时代的图书情报工作关系密切，是互联网发展到语义网时代，对网上资源和数字对象进行“编目”和“规范控制”的基础性技术，是数字图书馆进行信息资源发布和服务的核心技术之一；张永娟等人[❷]采用MetaStudio和DataScraper对网络源非结构化数据按照需要进行自动抽取和XML结构化，并自主开发Rdfizer软件包，将XML数据转换为RDF数据，进而基于自行扩

❶ 刘炜．关联数据：概念、技术及应用展望［J］．大学图书馆学报，2011，29（2）：5-12.

❷ 张永娟，陈涛，张玶．基于Sesame及Rdfizer扩展工具的关联数据应用平台［J］．图书情报工作，2013，57（16），135-139.

展的 Sesame 框架构建关联数据发布平台；夏翠娟等人[1]认为关联数据技术通过构建关系明确的语义本体，为基于互联网的数据服务提供了一种基础设施；张磊等[2]从内容、平台、服务三个方面入手，调研与借鉴海外成熟案例，提出以平台为基础支撑，内容、服务模式为核心的面向数字人文的图书馆开放数据服务框架，试图为国内图书馆界提供具有实际可行性的实现方案和实施案例。

7.1.1 开放数据平台

开放数据平台是指提供数据的网站将自己的数据资源及网站服务封装成一系列应用编程接口——API，并将其开放出去供第三方用户使用，这种行为就叫作开放数据平台的 API，所开放的 API 就被称作开放 API，是服务型网站常见的一种应用。目前，系统框架较为完善的数据开放平台都是由开源软件实现的，不仅性能优越、功能全面，还能满足当前政府开放数据平台的技术需求，降低了平台建设所需成本。如 Github 发布的 CKAN 软件，能够实现数据发布、存储、管理和交流，已经在美国、英国、欧盟和芬兰赫尔辛基地区得到较好的应用。开放数据平台的基本功能包括[3]：

① 数据服务功能。实现数据记录的发布、浏览多类型、多格式的政府数据和记录、基于关键字的搜索、标题过滤加载和下载数据。

② 数据存储和管理功能。实现数据本体和元数据的存储和管理，实现结构化数据以图表和地图形式的可视化处理，并具有统计和监控数据使用的功能。

③ 信息交互功能，实现平台节点之间、平台与用户之间的信息交互，节点之间的信息交互是平台网络的具体体现。该平台可以帮助公众更好地理解对开放数据的需求，互动形式可以是 CSS 主题、社区论坛、Twitter 和微博。

④ 数据的互操作性。该平台鼓励第三方开发人员开发应用程序，并将收集到的评论数据和分析数据传输到平台以供共享使用。

---

[1] 夏翠娟，刘炜，陈涛，等 . 家谱关联数据服务平台的开发实践［J］. 中国图书馆学报，2016，42（3）：27–38.

[2] 张磊，夏翠娟 . 面向数字人文的图书馆开放数据服务研究——以上海图书馆开放数据应用开发竞赛为例［J］. 图书馆杂志，2018（3）.

[3] 钱晓红，胡芒谷 . 政府开放数据平台的构建及技术特征［J］. 图书情报知识，2014（3）：124–129.

7.1.2 数字人文开放数据建设

数字人文的开放数据与政府开放数据和传统科研数据有较大区别，面向数字人文的开放数据强调对象间关系的构建，数据间的关联性较强。王蕾等人[1]对当前中国图书馆界数字人文相关会议、理论研究与实践开发进行回顾，提出对数字人文领域而言，民间历史文献资源同样具有重要的基础性地位，从中山大学图书馆徽州文书数据库的实践案例出发，展开民间历史文献资源数据库的建设工作。

在对历史资源数字化类型的数字人文项目进行资源建设时，根据特定的需要提供了深入检索、分析功能和可视化界面，这些步骤使传统特色资源库具有了简单分析或个性化展示功能，但仍需要通过提供分析资料的独有工具与可视化界面，开放数据接口，寻求与外部系统的对接，起到知识发现作用，成为真正服务于数字人文的开放数据库，这与传统的图书馆馆藏资源建设的步骤有着较大区别。传统图书馆馆藏资源建设较偏向于数字化资源建设，其步骤主要为：确定数字化内容，指定数字化文献数据的元数据标准，进行数据录入形成资源库。目前，面向数字人文的开放数据建设仍存在着这样的问题，数据的使用者仍是数据提供者，对于服务提供者、个人研究者和其他研究机构无法获取所需项目数据，所以推动数字人文开放数据建设仍是当前资源建设的趋势。

[1] 王蕾，薛玉，肖鹏，等. 民间历史文献数字人文图书馆构建——以徽州文书数字人文图书馆实践反思为例［J］. 图书馆论坛，2018，38（3）：30-36.

7.2　图书馆数字人文开放数据平台构建

7.2.1 开放数据平台的服务内容与服务方式

图书馆作为知识保存与传播的社会性公益机构，数据开放可为研究人员提供有着规范化、标准化结构和语义的数据服务，张磊等人[1]提出了由内容、平台和服务组成的面向数字人文的图书馆开放数据框架。

（1）内容

数字人文的基础设施是内容，数字人文开放数据服务的质量，首先取决于数据的质量，其内容并不是简单的数字化扫描图像或者文本，而是对现有数据的深度加工、清洗、知识组织，使其成为结构化、知识化的内容，通过本体设计等变为机器可读的知识。

面向数字人文的内容与图书馆传统的数字化资源有着本质的区别，是在数字化资源的基础上进行深度挖掘与分析后所获得的结构化、知识化的数据。

内容可以是馆藏资源、元数据与数字化的图片，也可以是专业数据集（如 CBDB 中国历代人物传记资料库 https：//projects. iq.harvard.edu/cbdb），或是社会化数据百科词典（如百度百科、维基百科等），对这些数据统一进行加工，获得结构化的数

[1] 张磊，夏翠娟 . 面向数字人文的图书馆开放数据服务研究——以上海图书馆开放数据应用开发竞赛为例［J］. 图书馆杂志，2018（3）.

据，再统一转换成通用的 RDF 格式。

本体设计是知识重组中非常重要的一环，本体设计的目的一方面是为数据提供规范化和语义化的组织和编码基础，另一方面也服务于数据的开放和共享，以便与其他数据进行整合和交换，所以需要尽可能复用已有的规范标准。

（2）平台

平台是面向数字人文的开放数据服务框架的基础，给用户提供经过深度处理、结构化、知识化的数据服务，平台通过工具辅助对内容进行进行组织、加工、管理，随后将开放数据提供给用户，开放性是其主要特点。

面向数字人文的图书馆服务内容和服务模式都需要开放数据平台来支撑。该平台的主要特点是可扩展性和随需求变化的能力，能够灵活地应对用户需求并随之对自身做出调整。其目的不仅是用模块化的架构实现强大的可扩展性，而且在平台上用不同的标准实现不同的模块、资源的标准化服务。以及标准不能只关注自己的行业标准，它也是基于整个信息网络行业的标准和规范，以便更好地为开放性网络提供良好的基础。平台通过统一的访问接口面向大众开放以 RDF 等为描述格式标准的数据，在提高馆藏资源利用率的同时也可以辅助人文学者展开科学研究。

与传统的数字图书馆相比，面向数字人文的开放数据平台注重内容分析和知识组织，为用户提供面向内容和知识的数据服务。该平台的用户可以是普通公众也可以是数字人文领域的专业研究者，符合开放数据的“非歧视性”原则——数据若开放，则对任何人开放。

（3）服务

图书馆作为数据存储中心，承担着知识传播的责任。图书馆的数字人文服务不仅可以提供便于用户阅览的可视化界面，还可以为企业和用户开发的第三方应用程序提供开放数据服务。服务模式应根据数据内容属性、服务目的和第三方应用程序的运行方式，提供基于自身性质的多样化数据服务。另外，开放数据服务必须考虑用户的需求。不同类型的用户有不同的数据获取方式和数据需求，图书馆开放数据的服务模式应根据用户需求做出调整，尽可能的提供给用户精准、适用的数据服务。

7.2.2 图书馆开放数据平台架构

在图情档领域中，由图书馆建造一个人文社科开放数据平台，将诸如“历代知名历史人物”“地理环境信息”“各家所著诗词文章”等的海量数据资源与图书情报学科相结合，将会大幅提高数字人文学者的研究效率和数据资源利用率，有助于学者更加系统地掌握人文历史的社会背景，更加深入地理解人文领域背后的思想和理论。

与传统的数字图书馆平台不同，数字人文的开放数据平台是通过对外数据接口对外开放的，建设时需要图书馆对异构馆藏进行资源整合，嵌入各种分析软件及辅助工具，并且能够在未来扩展其他功能，所以平台必须具有兼容性，结合已有的开放数据平台建设情况，黄小淋❶构建的面向数字人文的图书馆开放数据管理平台框架如图 7-1 所示：

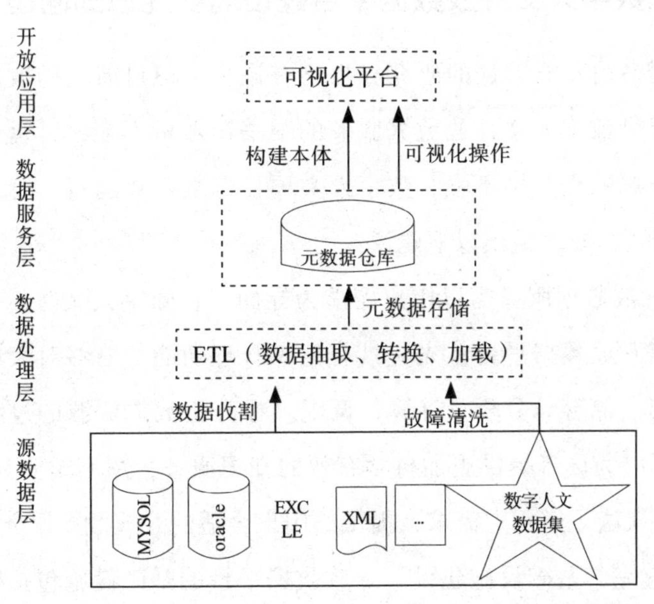

图 7-1　面向数字人文的图书馆开放数据管理平台架构

❶ 黄小淋 . 面向数字人文的图书馆开放数据管理模式研究［D］. 辽宁 . 辽宁师范大学，2019.

如图7-1所示，平台架构最底层为源数据层，数据包括图书馆已经数字化的馆藏数据、其他数据以及合作机构的原有数据，这些数据为声音、图像、文字、视频、数字等不同格式的数据，无法按照统一标准执行，所以要将这些不同格式、字段的数据进行清洗、整理加工后送到数据处理层，进行元数据的抽取、转换和加载，然后将这些处理过的数据储存在元数据仓储内，元数据仓储属于数据服务层，主要功能是元数据保存，之后再依托超文件传输协定，通过开放数据接口API和数据可视化工具将数据展现于可视化平台上，为用户提供开放数据服务。图书馆数字人文开放数据平台开发团队不仅需要具备先进的数据处理、储存技术，还需要利用一系列辅助工具对结构化的数据进行可视化处理，使数据可以生成表格视图、图形视图和地理视图等，对图片类、网页类数据可以实现预览功能，或建立自己独特的可视化界面，使用户能更加方便、快捷、高效地使用这些开放数据，提高数字人文项目的研究效率。

7.2.3 图书馆数字人文开放数据平台建设需要注意的问题

虽然关于图书馆开放数据的研究成果已有许多，但目前机构数据开放的情况并不是很理想，提供数字人文开放数据服务的图书馆数量不多，且运行中也存在诸多问题，如数据资源的交互性不强、数字人文项目偏数字化运行，管理系统不够完善等。针对这些问题，本文提出以下建议：

① 图书馆开放数据服务需以用户需求为导向。在数字人文时代，数据的来源是多元的。图书馆开放数据平台首先应具有组织管理功能，能够对大量不同来源的数据资源进行收集、储存、分析、计算、调配。在分析数据资源的过程中，加强图书馆的分析能力可以为读者提供更加科学有效的知识服务，图书馆要利用大数据技术、调查问卷法、访谈法了解用户需求，提供给用户合适的开放数据服务。

② 图书馆应完善基础设施建设。开放数据平台的基础设施包括数据库系统、用户使用平台、数据共享系统等，平台的基础设施建设是开放数据能够得到充分利用的基础，不断完善各系统的功能与性能可以减少数据资源的闲置与浪费，还可以提升用户体验。

③ 图书馆应加强机构合作。图书馆开放数据平台建设得是否优质取决于管理、

技术、资源等众多因素。以上海图书馆为例，上海图书馆的开放数据平台提供的资源多来自于该馆的馆藏资源，但其馆藏资源的数据化却大多来自外包机构。仅靠图书馆自身往往难以支撑一个体系完善的开放数据服务平台，所以图书馆可以和第三方企业机构进行馆际合作以获得更好的技术团队和管理团队，各机构各司其职，共同打造一个性能良好的开放数据平台。

7.3 图书馆数字人文开放数据管理

图书馆面向公众提供的数字人文开放数据服务由于过程所需技术和任务量的繁多，需要对其进行制度化、规范化的管理。图书馆对开放数据的管理区别于对传统科研数据的管理，在对数据进行清洗、加工、格式转换后还需要通过开放接口为公众提供开放数据，在开放数据管理过程中，需要图书馆、开放数据平台技术人员、数字人文专家、用户共同进行管理。图书馆作为管理层承担着给各负责人员分配任务的职能，平台技术人员对平台的性能进行设计、运行与维护，保证平台的开放性、兼容性良好；数字人文专家对数据进行准确性、专业性等方面的研究，用户则作为参与者对平台进行评价与反馈，帮助平台改进完善平台性能与数据的质量。为保证管理流程的良好运作，开放数据的管理需要分级进行，在此基础上，黄小淋[1]将图书馆开放数据管理阶段总结为：驱动准备、管理运行、成果应用三个阶段，如图7-2所示。

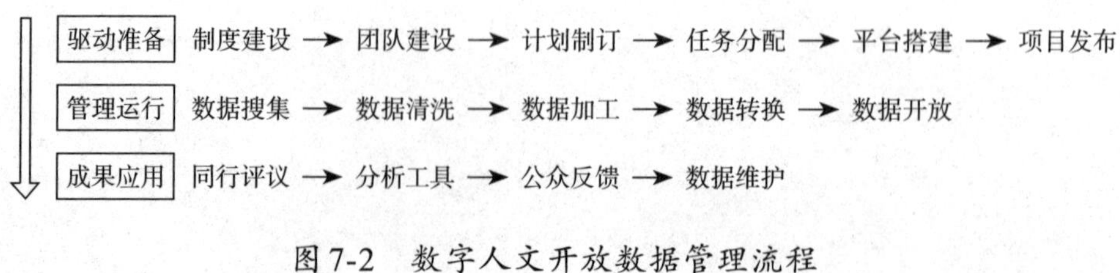

图7-2 数字人文开放数据管理流程

[1] 黄小淋.面向数字人文的图书馆开放数据管理模式研究[D].辽宁师范大学，2019.

在驱动准备阶段，图书馆对开放数据平台进行设计，建立保障制度，组建团队，对项目的可行性进行调查，若项目可行则制订针对性的进展计划，给各阶段人员分配相应任务，技术人员在研究团队的需求上设计搭建平台，管理人员对平台进行运营和宣传；在准备阶段结束后，管理运行阶段时需要数字人文专家对需要开放的数据进行处理，处理后将数据进行开放；在成果应用阶段，需要请同行对平台的管理、服务、数据、技术等指标进行评价，借助分析工具对平台的使用情况进行考察，通过用户评价对平台性能进行完善，再由专业的技术人员进行数据维护。

7.4 实践案例分析

7.4.1 上海图书馆开放数据平台建设分析

上海图书馆开发了一系列为数字人文项目服务的开放数据平台[1]。该平台包含“人名规范库”“华人姓氏表”“中国历史纪年表”等基础知识库，“家谱知识服务平台”“盛宣怀档案知识库”“中国古籍联合目录及循证平台”等文献知识库，“CBDB”“古籍本体”“家谱本体”等本体词表。

其中家谱元数据68000余种，家谱的家规家训全文文本300余种；盛宣怀档案目录数据15万余种，重要档案的全文文本和中英文提要数据300余种；文化名人手稿档案6万余种；古籍书目数据60万余种；人名规范库128万余人；上海联编中心书目数据基础150万余种；红色文献书目数据8000余种；电影元数据2157部，影人897人，影戏院10家，电影期刊400种、篇目84099篇，电影老照片1730张，电影音频44段，电影视频154段；上海优秀历史建筑1086处，上海市不可移动文物3612处，红色旅游景点377处，上海市马路名录（含历史路名）；姓氏、收藏机构名录、地理名词表、中国历史纪年表、藏印知识库（印章、藏书楼、藏书家）、避讳字知识库等一系列基础知识库，CADAL项目管理中心开放数据为民国书刊元数据近17万条、

[1] 上海图书馆开放数据平台 http：//data.library.sh.cn/index.

墓志元数据及扫描图像8千余条。该平台作为上海图书馆数字人文项目的开放数据平台，以关联数据的方式向互联网公开发布上海图书馆数字人文项目所用的基础知识库（人、地、时、事、物），文献知识库（家谱、手稿档案、古籍等），本体词表和数字人文项目建设过程中所用到的各种数据清洗和转换工具，以及项目组发表的相关论文、课件等研究资料。

以上海图书馆中国家谱知识服务平台为例，首页是家谱网站的主要的功能入口，如家谱中心、先祖名人、登录系统、家谱文化、家规家训、在线修谱，以及简单检索框、高级检索入口和地图检索入口（红框标出）、“姓氏浏览”“时光浏览”。“家谱中心”是家谱系统的核心功能，包括家谱的“简单检索”“高级检索”和“地图检索”。输入“谱名”“姓氏”“谱籍地”“堂号”任意即可检索家谱。检索结果页面会跳转到“家谱中心”功能页面。同时简单检索也提供“空检”功能，即无须输入任何信息，点击“放大镜”图标即可。空检可以查看系统所有数据的概况，十分实用。高级检索中的检索字段包含“谱名”“姓氏”“谱籍地”“堂号”“家谱责任者”“先祖或者名人”“摘要关键词”“馆藏地”“索书号”“DOI”。针对外网才能访问的8000余种家谱全文，提供了筛选勾选款。该平台的特色功能有按姓氏浏览家谱、按地图检索家谱等。设计良好的系统界面让家谱系统更加符合用户的阅读习惯，方便用户获取精准、详细的家谱信息。

上海图书馆开放数据平台的系统结构由数据层、中间件层、可视化层组成。最底层的数据层通过OpenRefine、RDB2RDF等数据转化工具将来自Virtuoso开源数据库中的数据转化为资源描述框架（RDF）格式的数据并储存。第二层为中间件层，用于处理业务逻辑。最上层为可视化层，将已经结构化的数据通过数据可视化插件，以可视的方式提供给用户。

该平台的开放数据服务除了面向数字人文研究者之外，更主要的是面向第三方机构，为其开发应用的程序提供结构化的数据服务，很好地体现了为机器服务的理念。在上海图书馆开放数据平台的支撑下上海图书馆已举办了三届的“开放数据应用开发竞赛”征集优秀的移动应用产品，充分释放了数据的价值。

7.4.2 北京大学图书馆开放研究数据建设分析

北京大学开放研究数据平台[1]是服务于校内及全社会的各学科研究者开展研究数据的保存、分享与再利用活动的信息网络平台，平台以“规范产权保护”为基础，以“倡导开放科学”为宗旨，鼓励研究数据的发布、发现、再利用和再生产，促进研究数据引用的实践和计量，并探索数据长期保存，培育和实现跨学科的协同创新。平台为研究者提供研究数据的管理、发布和存储服务，鼓励研究者开放和共享数据；为数据用户提供研究数据的浏览、检索和下载等服务，促进研究数据的传播、重用和规范参考。该平台还增加了目标数据支持功能，以最大限度地提高用户体验，包括在线数据浏览和统计分析、在线数据格式转换和细分、数据可视化、数据变量搜索、数据连接、发布链接等功能。用户实名注册后，可以下载开放数据，或站内申请使用受限数据。该平台的特色功能有：完整的数据传输、管理和共享的功能；DOI永久标识符、标准数据引用；灵活的访问控制、需求和审核机制；版权保护和名称社区的标准化；版本归档、下载统计和跟踪；查询、搜索、授权下载和评论；数据的在线分析和可视化、数字指纹；国际平台和双语显示界面。

北京大学开放研究数据平台基于哈佛大学开放数据平台框架（Dataverse）二次开发而成，注重安全性与规范性两方面特色。该平台提供的研究数据指的是科研人员通过观察、探测、实验、建模、仿真和调查等形式收集的、用于验证研究发现的、能够直接或间接产出学术成果的完整事实材料及其数字化产品，例如，文档、数据文件、问卷、模型、算法、软件或代码、图片、音视频资料等。平台只保存数字化的研究数据产品，主要形态为包含数据信息的电子文件，即数据文件。数据文件包括通常意义上含有一条或多条数据记录的电子表格或数据库文件，也包括相关的源代码、流程图、说明文档等文件。

该平台共包含70个数据空间（数据空间是北大数据平台中的基本数据单位之一，可以包含任意数量的数据集，或包含其他数据空间。数据空间可由一人或多人管理，面向可控的用户群开放研究数据的使用权。一个数据空间通常对应一个大型研

---

[1] 北京大学开放研究数据平台 https：//opendata.pku.edu.cn/.

究项目，或相关的研究项目集群，也可以对应一家研究机构、一位研究者或一门研究型专业课程）、308个数据集和各类型数据文件2043个，用户可根据“数据空间类型”“发布时间”“作者名称”“作者所在机构”“学科”“关键词词项”“提交日期”“文件类型”“文件标签”找到自己所需要的数据。

北大数据平台的首页下方展示着一系列“精品数据空间”。如《北京大学中国调查数据资料库》《中国家庭追踪调查（CFPS）》《中国健康与养老追踪调查（CHARLS）》《综合性语言知识库（CLKB）》等。点击其中任何一个，即进入该数据空间的信息视图，可阅读该空间的说明介绍文字，浏览（或进一步搜索）空间内的数据集。在查看数据集的信息页面时，数据集标题下方浅蓝色背景的一段文字为该数据集的引文格式，包含作者、发布年份、标题、DOI、数据发布平台、版本号、UNF 数字指纹等多种元数据信息，引文右侧有一个“下载引用”按钮。点击后，下拉菜单提供 EndNote XML 和 RIS 格式两种常见的参考文献管理软件引文著录格式，用户可根据自己的需求下载引文著录。在记录的信息页面下可以找到数据文件列表。某些文件的右侧可以显示“下载”按钮。某些特殊格式的数据文件可以提供多种可下载的变体格式。单击“下载”后平台提供的数据记录格式包括“原始格式”“制表符分割文件”“可变元”等。

图书馆作为将来数字人文学科开展项目研究的主要力量，可以在组织资源和知识方面发挥多方面的作用。不仅可以为人文学者提供知识服务、项目管理服务、人员教育和培训，还可以作为交流分享平台以及促进数字人文项目的进展。人文学者开始利用图书馆提供的技术服务进行学术研究，图书馆应该充分发挥已有的数据资源优势、技术经验以及管理经验，为数字人文的深入研究提供支撑服务，积极完善开放数据的建设以推动数据资源共建共享。

数据资源在数字人文项目的研究中发挥着越来越重要的作用，每个数据都有其独特的研究价值，但目前我国图书馆还没有充分挖掘利用好开放数据以服务于数字人文研究，建设的开放数据平台数量也较少，我国图书馆可以多借助国外的成功案例与实践经验，更好地开发建设开放数据平台，让数字人文研究者和公众能够更加方便快捷地完成对所需数据的检索；政府也应当出台新的政策加强开放数据的管理，引领图书馆发挥探索知识服务的职责，推动图书馆数字人文资源建设的良好发展。

除此之外，图书馆除了为数字人文研究提供开放数据服务，还应该另辟蹊径，借助新的数字工具对海量数据资源进行深层加工、挖掘、管理与开发；在未来，数据如何体现更高的使用价值，图书馆如何利用数据资源为数字人文研究起到更大的帮助，还需要学者们继续研究。

第八章

面向数字人文的图书馆众包平台构建

8.1 相关研究

数字人文是人文学科和计算机学科交叉研究所衍生的一个新领域，强调各类人文资源的数字化重构以提升其可访问性、开放性、共享性和共建性[❶]。与传统人文学科相比，数字人文需要用到的资源以数字形式存在，图书馆作为数字人文材料的主要提供机构，可以利用自身优势为数字人文研究者提供便捷、全面、精准的知识服务。数字人文作为高聚合度和高结构化的学术模式，也要求学者们选择研究材料的时候坚持全面的视角，在利用历史资料开展研究时不能只单单关注涉及宏观事件和某些聚焦个体精英的单份文件，更关注面向特定社群、反应集体和大众文化的层次性、成体系、全景式的资料合集[❷]。

数字人文项目涉及数据搜集、数据加工、数据转化、数据开放、技术馆员培训等多项工作任务，仅靠图书馆自身难以在短时间内为研究团队提供专业化、结构化、系统化的知识服务，所以将这些多而复杂的任务众包给第三方群众、企业或机构成为了解决上述问题的方法之一。

目前我国图书馆的众包模式大多存在于数字馆藏资源建设环节和数据处理环节，

❶ 赵宇翔，练靖雯 . 数字人文视域下文化遗产众包研究综述 [J/OL]. 数据分析与知识发现：1-33[2021-01-07].http：//kns.cnki.net/kcms/detail/10.1478.g2.20201013.0901.003.html.

❷ 詹逸珂 . 数字人文项目前端历史档案资源众包探析：特征、风险及其控制［J］. 山西档案，2020（2）：77-84.

一般是由图书馆通过网络平台向社会公众发出征集馆藏或数据处理的需求，公众为图书馆提供特定资源，专业技术机构负责数字化资源的转化与数据加工等，再经图书馆整理后加入图书馆的馆藏资源中提供给研究者；对于面向数字人文的图书馆知识服务众包实践案例却较少，本章节将从服务、资源、实践案例等角度对图书馆构建面向数字人文的众包平台进行研究，分析图书馆如何能够利用众包模式更好地服务于数字人文。

众包模式从2006年产生开始就引起了各领域的广泛关注，最早实践于知识生产领域，近些年图书情报领域也开始尝试架起众包与图书馆的桥梁，通过国内学者的不断调研与实践也产生了一些理论研究成果。冯剑红[1]介绍了众包的基本概念以及工作流程，对众包在计算机领域中已有的研究工作进行了综述。基于众包工作流程，从众包任务准备、任务执行和任务答案整合三个方面综述了现有技术研究以及存在的挑战，最后展望了未来可能的研究方向。李书宁等人[2]认为众包在图书馆数字馆藏建设中有着非常广泛的应用前景，如筛选馆藏书目错误、增补信息、增加用户创建的原生内容等。赵宇翔[3]认为基于科研众包类型和公众科学开展环境两个维度，可以有效构建公众科学项目的业务模式并进行业务划分；以“机构观”的思想去驱动、管理并维系公众科学项目的发展，加入第三方组织机构这一实体可以重构公众科学项目的运作模式。余波等人[4]认为图书馆服务是学术研究者永恒的研究主题，众包模式可与图书馆特有的参考咨询服务、专家科学服务、阅读促进服务、信息能力等服务相结合、合并；如果你想进一步提高图书馆的服务能力，图书馆可以为众包图书馆员设立一个特殊职位。詹逸珂[5]认为对数字人文项目前端的历史档案众包而言，用

---

❶ 冯剑红，李国良，冯建华 . 众包技术研究综述［J］. 计算机学报，2015，38（9）：1713-1726.

❷ 李书宁，曾姗 . 国外图书馆数字馆藏众包建设实践调查与分析［J］. 图书情报工作，2014，58（23）：83-90.

❸ 赵宇翔 . 科研众包视角下公众科学项目刍议：概念解析、模式探索及学科机遇［J］. 中国图书馆学报，2017，43（5）：42-56.

❹ 余波，温亮明，李洋，等 . 基于关键词共现的图书情报领域 MOOC 研究热点解析［J］. 图书馆工作与研究，2017（4）：69-77.

❺ 詹逸珂 . 数字人文项目前端历史档案资源众包探析：特征、风险及其控制［J］. 山西档案，2020（2）：77-84.

户执行的任务是以后端项目需求为导向的资源贡献与转化，数字人文的多学科交叉性和包容性决定了数字人文需要利用众包来进行任务协作以达到开放共享的目的。

当然，众包在图书情报领域的应用十分广泛，不仅仅局限于国内部分学者对于图书馆众包的观点，比如在图书馆数字馆的建设中，可以直接增加像让用户置身其中挑选馆藏资源书目中的错误、制作电子书、手写记录的转录等增加用户体验感、参与感的项目，以达到更好的应用效果。

与国内相比，国外关于图书馆数字人文众包的理论成果和实践案例较多，为本章图书馆数字人文众包平台构建的研究提供了经验和启发，例如，奥门（Oomen）和阿罗约（Aroyo）[1]针对美术馆、图书馆、档案馆及博物馆（GLAMs）发起的文化遗产众包项目，从任务视角提出了文化遗产众包项目的分类体系，包括修订与转录型（Correction and Transcription Tasks）、情景型（Contextualisation）、补充收集型（Complementing Collection）、分类型（Classification）、联合策展型（Co-curation）和众筹型（Crowdfunding）。还研究了不同类型的众包与遗产组织核心活动之间的关系，对目前在文化遗产领域开展的众包活动进行了分类，美术馆、图书馆、档案馆及博物馆（GLAMs）常见的众包有校正、转录、补充、收藏、分类、众筹等类型。运用了数字内容生命周期模型提出了数字人文领域众包的运行包括筛选、创造、管理、发现、使用和保存。

斯托宁（Seitonen）[2]通过研究芬兰的一个文化遗产机构公共众包案例，分析了用户行为和激励措施可以为之后类似的项目提供反馈信息，个人自豪感和自我满足感是参与众包的主要动机。

库珀（Cooper）等人[3]提出"公众科学"是一种整合公共宣传和科学数据收集的办法，可以产生强大的管理效力。

---

[1] Oomen J，Aroyo L. Crowdsourcing in the Cultural Heritage Domain：Opportunities and Challenges[C]. In：Proceedings of the 5th International Conference on Communities and Technologies. New York，United States：Association for Computing Machinery，2011：138-149.

[2] SeitsonenOula.Crowdsourcing Cultural Heritage：Public Participation and Conflict Legacy in Finland[J]. Journal of Community Archaeology & Heritage，2017：1-19.

[3] Cooper C B，Dickinson J，Phillips Tet al.Citizen Science as a tool for conservation in residential ecosystems［J］.Ecology&Society，2007，12（2）：375-386.

邦尼（Bonney）等人[1]设计的公众参与科学研究的模型有助于根据众包参与者对项目本身设计的控制程度对非商业性众包项目进行分类，也就是组织赋予了公众多大的参与项目的权利。他们的模型包括三类：

① 贡献型。即公众为组织设计的项目提供数据。

② 协作型。即公众可以帮助完善项目设计并分析由组织领导的项目中的数据。

③ 共同创造型。即公众可以参与所有或几乎所有过程，所有各方共同设计项目，可以参与确定研究问题或分析数据（而不仅仅是提供数据）。

众包作为一种全新的外包模式在国外兴起，并且也在国外的图书馆建设实践中得到成功的运用，比如美国国会图书馆的照片众包、澳大利亚国家图书馆的图片制作与增加众包等，但是到目前为止国内图书馆对于众包的研究极少，甚至有的图书馆还不知道众包指的是什么，因此国内图书馆还需要对国外已经成功使用众包的图书馆进行研究分析，获取更加适合我国图书馆情况的众包项目，促进国内图书馆开展相关实践。

---

[1] Rick Bonney，Caren B. Cooper，Janis Dickinson，Steve Kelling，Tina Phillips，Kenneth V. Rosenberg，Jennifer Shirk. Citizen Science：A Developing Tool for Expanding Science Knowledge and Scientific Literacy［J］. BioScience，2009，59（11）.

8.2 相关概念

8.2.1 图书馆众包

提供知识服务是图书馆的主要职能，众包（Crowdsourcing）模式为图书馆的知识服务转型创新发展提供了新思路。众包的理念与模式在国外图书馆界已经受到了广泛的关注并实现了良好的发展，为国内图书馆众包提供了一些借鉴与参考，也为国内图书馆管理、服务工作以及图书馆学研究注入了新鲜血液，提供了新的视角。[1]

目前图书馆众包大致分为三类。一是服务类众包，具体包括“参考咨询服务众包”“学科知识服务众包”“阅读推广服务众包”“信息素养教育众包”等。二是资源类众包，具体包括“特色资源建设众包”“常规资源建设众包”“特殊资源建设众包”等，资源众包的参与者执行的任务包括将原有内容从一种格式转换为另一种格式（例如抄写文本或音乐符号，将纸质文献转化为数字格式），文献书籍整理（如通过标签、分类、结构化注释或分类），文献资源采购（包括纸质文献与电子文献），书目错误修正、特色数据库建设等。三是馆员众包，设置多个岗位提供多样化、专业性的服务是图书馆提高服务水平的必然要求。

图书馆众包的好处在于，它可以弥补图书馆没有的资源（时间、财务或人员），

---

[1] 李洋，温亮明，李健．国内图书馆众包研究文献综述［J］．知识管理论坛，2018，3（02）：85-94.

顺利完成自己的目标；比单独工作更快地实现这些目标；建立新的用户群体和社区；积极让社区参与机构及其系统集合；利用外部知识、专业知识和兴趣提高数据质量，改善后续用户搜索体验；为数据增加价值；改进和扩大发现数据的方式；通过建立与人群的关系、通过公众对项目的高度兴趣来显示图书馆（及其馆藏资源）的重要性；提高图书馆资源的利用率。❶

8.2.2 图书馆数字人文众包

众包最初被描述为将组织内完成的工作通过公开征集参与者的方式外包给公众的行为，在博物馆、图书馆、档案馆和人文学科中越来越普遍，成为数字化或计算大量数据的工具。众包项目旨在通过受众参与来实现一个特定的目标，这个目标被广泛地定义为“从公众那里收集我们的馆藏信息”。具有公民科学的特征——来自全社会的公众志愿者协助科学家进行研究，已经成为人文学科和“公民历史”众包项目的一个有影响力的模式。

随着 Web2.0 技术将万维网从只读模式转变为共同创造的平台，这些年出现了一系列商业和非商业平台，允许在线用户参与讨论，并利用他们的知识、经验和时间构建在线内容。在维基百科等合作资源获得广泛成功的同时，图书馆数字人文也开始尝试利用众包解决一系列工作难题，比如寻找专业团队和机构来帮助进行项目评估，或是资源建设环节中的抄录、收集数据、文本更正，以互惠互利的合作方式创建和上传内容，提高馆藏资源的质量的同时还可以培养公众对文化遗产资源的所有权意识和责任感。

由公众帮助完成任务是非常有成效的。例如，旧天气计划的参与者在不到两年的时间里从数千份皇家海军日志中抄写了超过一百万页，整个1940年美国人口普查在短短4个月内就被16万名志愿者编入索引，澳大利亚国家图书馆的“国家级检索平台宝藏（Trove）”项目有超过1.3亿个转录更正和超过280万个标记，大英图书馆地理参考项目的参与者为数千张历史地图添加了空间坐标。数字人文众包不限于将

❶ S Schreibman，R Siemens，J Unsworth.Crowdsourcing in the Digital Humanities[M].John Wiley & Sons，Ltd，2015.

现有内容转化为机器可读的数字格式，例如维多利亚博物馆的“描述我（Describe Me）”项目是为盲人发起的项目，众包他们物品的描述，“塞伦盖蒂快照（Snapshot Serengeti）”项目要求人们识别由远程摄像机记录的动物。“银河动物园淬火（Galaxy Zoo's Quench）”项目要求“公民科学家”帮助分析结果并与科学家进行科研合作[1]。《牛津英语词典》（OED）也是如此，该词典的出版商于1879年发起了一项“呼吁讲英语和阅读英语”活动，以帮助为词汇的历史和用法提供证据，从而完成这部词典。

数字人文被许多学者认为是图书馆重要的发展趋势之一。近些年国内外图书馆都积极创新知识服务模式以推动数字人文领域的研究，但与传统人文学科的研究相比，数字人文涉及的学科较多，技术要求更高，对结构化文献资源的细粒度要求也更为复杂，仅依靠图书馆自身难以支撑诸多待办项目，于是图书馆开始寻求大众智慧，采用众包的方式来向社会征集资源、技术支持，为图书馆数字人文的资源建设方式开辟了一条新的路径。下图为图书馆众包项目实践一般流程。

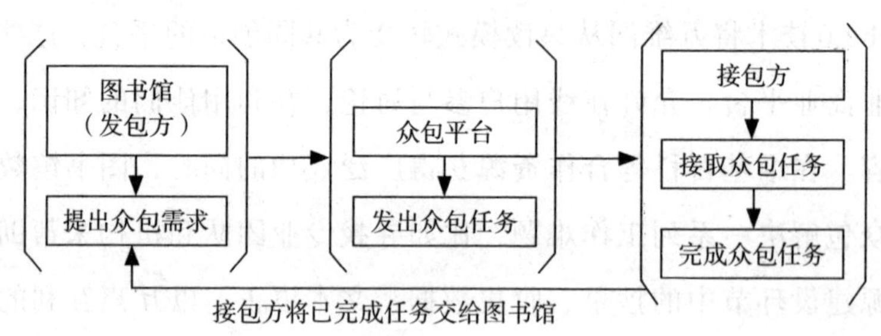

图书馆众包项目一般流程图

国内外图书馆如CADAL数字图书馆、广州图书馆、澳大利亚图书馆、美国国会图书馆、伦敦大学学院图书馆等都已经开展了一些众包实践[2]。数字人文众包这一新兴领域的项目数量不断增加，国内外图书馆正在不断吸收其他领域众包项目的经验教训并且激发出新的想法。从对档案文献学术感兴趣的历史学家到计算机技术专家，

[1] Mike Kmiec，（2015）“Crowdsourcing our Cultural Heritage”，Library Review，Vol. 64 Iss：6/7，pp.506–507.

[2] 姚啸华，贺晨芝，徐孝娟，等. 面向数字人文的图书馆众包平台构建研究——以上海图书馆历史文献众包平台为例［J］. 图书馆杂志，2020，39（06）：105–112.

越来越多的角色作为众包参与者参与数字人文项目。数字人文众包项目要求公众在活动、目标（或两者）为发包方提供知识或技术服务，他们的参与有助于实现发包方与接包方共同的重大目标或研究兴趣，承担发包方无法独自完成的任务。众包对于让公众参与数字人文工作非常有效，越来越多的证据表明，图书馆数字人文众包项目鼓励公众技能发展和更深入地参与人文学科。

8.3 图书馆数字人文众包类型

8.3.1 数字人文服务众包

为用户提供服务是图书馆的首要工作，面向数字人文的图书馆服务类型主要可分为参考咨询类服务、学科知识类服务、宣传推广类服务等。虽然图书馆的传统馆员也能够为用户提供许多服务，但由于传统馆员缺乏对数字人文的认识以及数字人文专业技能素养欠缺，导致了图书馆传统馆员对数字人文研究项目难以起到帮助。图书馆数字人文服务众包的出现有可能使得图书馆在数字人文研究项目咨询服务方面产生突破。图书馆可以以众包的方式建立数字人文开放问答平台，开放回答问题的权限，任何用户都可以在这个平台上针对发包方的问题进行答复。图书馆可以将诸如此类的服务众包给公众，利用大众智慧解决数字人文项目中遇到的相关问题，如项目可行性分析、资料文献查找、解答具体难题等，提高研究项目进展和图书馆的工作效率。

8.3.2 数字人文资源建设众包

数字人文研究离不开结构化的数字学术资源建设，为人文学科研究者提供完善的学术资源支撑体系是保障数字人文项目得以顺利进行的前提。公众参与众包的途径有很多，比如将手写文本转录成数字形式，输入结构化或半结构化数据，为照片添加标签以便于发现和保存，评论内容或参与讨论，或以口述历史的形式记录自己的经历和记忆等。本章将图书馆面向数字人文的资源建设众包分为以下三个类型：

① 抄录众包：自20世纪70年代开始使用光学字符识别技术（OCR）以来，历经五十多年的OCR技术虽得到了良好的发展，但是对于字迹模糊潦草的手稿依旧无法自动生成高质量的数字化文本，需要人工进行识别抄写转录，才能使这些作为数字人文主要研究内容的手稿原材料发挥出最大的利用价值。上海图书馆历史文献众包平台的盛宣怀档案知识库就是采用众包模式向公众发出需求来抄录盛宣怀家族自1850年至1936年记录的难以被OCR技术识别的中国近代史资料，盛宣怀档案共包括17.5万件、1亿余字的档案手稿，显然采用众包模式可以更加高效地完成图书馆的抄录工作。值得注意的是，图书馆在建立一个众包抄录项目时，需要确保完成的抄本质量是否适合作为进一步人文学科研究的内容，以及是否需要两个及以上接包者共同完成对同一项目的抄录以确保抄录内容的准确性。其次，还需要对数据存储的格式进行结构化，以确保数据方便查询更正及重复使用。除此之外，图书馆还可以开放抄录技术教育课程，以吸引更多的公众学习相关技能，积极地参与到众包项目中来。

② 数据众包：众包的发展离不开科学技术的进步。数字技术提供的即时数据收集、反馈、计算校正能力，以及通过松散的网络联系广泛和特殊群体的能力，在现代都特别重要。计算机时代，计算跟踪数据来源、验证、修正、转化、深度加工原始数据的能力对于数字人文项目尤其重要，而数据众包可以帮助数字人文研究者有效获取人文数据。岑炅莲等人[1]认为，为满足数字人文项目的数据处理需要“采取公共合作的方式”，为数据收集和处理实施量身定制的规划和实施服务，并为数字人文项目提供标准化和结构化的数据。数据收集和注释的类型包括但不限于文本、图像、视频网页等。作为数字人文项目的一个重要过程，数据处理很难仅由有限数量的图书馆完成。因此，有必要借助公众智慧进行数据众包，共同完成数字人文研究项目。

③ 数据库众包：传统文献数据库作为图书馆资源建设的重要内容，越来越趋于

[1] 岑炅莲，欧阳剑，曾辉．数字人文项目中的数据众包运作策略研究[J/OL]. 图书与情报，2020（5）：125–132.

商业化和雷同化，建设面向数字人文的特色数据库是数字人文研究得以开展的基础和前提，例如赵星团队[1]在上海图书馆2018年开放数据应用开发竞赛中构建的特色数字人文数据库——“树人者”人物专题数据库。“树人者”充分利用上图人名规范库、北师大图书馆京师文库数据库及其他外部可用数据，配以相关人物传记的图书、年谱等资料，以人物为纲，串联人物的生平、思想、著作、手稿等数据，借助于数字人文的相关方法，以他们的人生轨迹为主线，着重突出他们创办、执掌学校的经历，提炼他们的教育思想，用 GIS 显示教育家的重要活动轨迹。上图的开放数据应用竞赛就是众包的典型应用，借助大众智慧建立数字人文特色数据库，推动数字人文项目进展，并且众包数字人文数据库可以聚集社会上兴趣使然的专业人员参与图书馆数字人文的资源建设，大大提高社会资源利用率。

8.3.3 数字人文馆员众包

图书馆数字人文馆员在数字人文研究中发挥着组织项目的重要作用。国内图书馆特别是学术图书馆设置数字人文馆员岗位，有助于推动数字人文研究和图书馆功能的发挥[2]。数字人文馆员按照其工作内容大致又可分为项目管理馆员、学科知识馆员、参考咨询馆员、技术馆员等，数字人文项目管理馆员的工作内容是为其他馆员组织分配不同的任务，引导数字人文团队能够有序系统地完成项目研究；参考咨询馆员则可以为研究者提供文献资料上的疑难解答或文献查找服务；技术馆员则能够为人文学者解决计算机领域的难题等。传统图书馆馆员的工作往往不具备数字人文领域的专业要求，所以图书馆可以根据馆员的工作性质和内容，结合国外图书馆对数字人文馆员岗位设置，进行数字人文馆员众包，通过互联网征集广大有热情的业务爱好者参与进来，以缓解图书馆的资金、人力资源压力。

---

❶ 赵星，李书宁，肖亚男．数字人文视域下基于多源数据融合的人物专题数据库建设——以上海图书馆2018开放数据应用开发竞赛作品“树人者”为例［J］．图书馆杂志，2019，38（12）：45-51.

❷ 朱慧敏，杨沉．数字人文馆员：缘起、角色定位及能力构建［J］．图书馆学研究，2019（14）：26-33.

8.4　众包平台构建模式

图书馆为了使众包得以良好运行，往往需要通过一个专业的平台来组织发包并通过互联网向公众发布接包任务。近年来，图书馆在数字人文领域的众包实践越来越多，图书馆一般充当项目的发起者与平台构建者。通过对众包项目在数字人文领域的实践案例调研，姚啸华等人[1]将这些众包平台的构建模式归纳为三种模式：嵌入式构建、第三方平台构建和独立构建，这些模式分别适用于不用的众包内容。

嵌入式构建模式是指众包平台嵌入图书馆原有资源服务平台或系统中，没有明显的众包平台边界，这种构建模式使得众包加工与内容服务融为一体，这种模式适用的资源类型较为单一，每种类型资源的众包都需重新开发平台，也很难发挥众包平台的中介作用。这种构建模式的代表有澳大利亚图书馆的报纸文本化众包项目[2]等。

第三方平台构建模式是指图书馆通过直接入驻第三方平台建立众包项目，这种构建模式开发成本相对较低，直接利用第三方平台本身强大的社会交互功能，比较适用于对照片、图片、视频等添加标注，但这一构建模式所适用的众包内容相对单

[1] 姚啸华，贺晨芝，徐孝娟，等.面向数字人文的图书馆众包平台构建研究——以上海图书馆历史文献众包平台为例［J］.图书馆杂志，2020，39（6）：105-112.

[2] Australian Newspaper Digitisation Program[EB/OL].[2019-02-17]. https：//www.nla.gov.au/content/newspaper-digitisation-program.] 和 CADAL 描述信息修订众包项目 [CADAL [EB/OL]. [2019-02-17]. http：//www.cadal. zju.edu.cn/index.

一，功能也受限于第三方平台本身可提供的功能，众包平台中介性也很难体现。其代表有美国国会图书馆等照片评注项目[1]等。

独立构建模式是指图书馆专门针对众包项目建立一个平台或网站，与本身的服务平台有一定联系又保持相对独立，这一模式具有更好的扩展性，但该模式需要图书馆脱离原有的图书馆平台系统，不借助第三方平台重新开发一个独立、完整的平台，成本相对较高。此外，该模式更偏重众包加工功能，众包内容的服务可能受到一定影响。该模式的代表有美国纽约公共图书馆的菜单摘抄项目[2]等。

---

❶ Library of Congress Photos on Flickr [EB/OL].[2019-02-17]. http://www.loc.gov/rr/print/flickr_pilot.html.

❷ What's on the menu？ [EB/OL]. [2019-02-17]. http://menus.nypl.org/.

8.5 上海图书馆历史文献众包平台案例分析

上海图书馆可以说是国内图书馆数字人文实践的佼佼者，如基于关联数据技术建设的文献知识库（家谱、手稿档案、古籍等）、基础知识库（人、地、时、事、物）和盛宣怀档案知识库等服务平台等。然而要进一步完善数字人文资源的建设，推动数字人文研究，深入挖掘这些档案手稿资源，图书馆首先要做的就是将这些文献文本化。❶目前主要的文本化途径是OCR（光学字符识别，Optical Character Recognition），但对于书写笔记模糊不清、书写不规范的手稿难以准确识别。随着众包模式的普及以及相关技术的进步，并有外国实践案例经验可循，上海图书馆作为国内数字人文众包实践的先驱，上图的档案手稿文本化开始转向众包模式，在明确众包平台定位并选定构建模式后，上海图书馆从2016❷年开始尝试搭建，目前上海图书馆已完成上海图书馆历史文献众包平台（以下简称“上图众包平台”）二期的构建，并于2018年10月末开始进行试运营，平台功能得到进一步优化，中介性开放性得到进一步提升，阶段性目标基本实现。该平台的主要目标是提供一个元数据著录和全文标引平台，采取一定的激励机制，吸引用户或领域内的学者、专家对感兴趣的内

❶ 姚啸华，贺晨芝，徐孝娟，等. 面向数字人文的图书馆众包平台构建研究——以上海图书馆历史文献众包平台为例［J］. 图书馆杂志，2020，39（6）：105-112.

❷ 姚啸华，贺晨芝，徐孝娟，等. 面向数字人文的图书馆众包平台构建研究——以上海图书馆历史文献众包平台为例［J］. 图书馆杂志，2020，39（6）：105-112.

容进行基于人、地、时、事等内容特征进行深度著录，对无法进行机器自动识别的全文进行抄录和标引。平台支持用户发布待抄录内容，建立一定的审核机制和流程，支持专家对用户贡献的数据进行质量管控，对经过审核确认后的用户贡献数据进行导出和展示界面。

上图众包平台[1]用户分为四类：游客、发布者、抄录者、专家。其中游客属于未注册用户，权限仅限于浏览网站。发布者、抄录者、专家均需要注册登录才能够使用该平台。发布者经平台管理员授权后，可以在平台上发布任务，并将完成的任务数据导出。抄录者可以对平台中的项目进行著录与抄录。专家根据已完成抄录、专业水准，经评定后给予专家权限，可以对平台中的项目进行著录、抄录与审核。

用户在众包平台首页可以根据项目名称和发布者搜索查询项目，点击具体项目后会出现该项目的具体说明，项目说明包括四个内容：项目详情、截止日期、难度系数和任务状态。用户可以点击项目图片进入项目详情页，页面左侧显示包括抄录截止日期、项目难度系数、发布者、项目描述等在内的项目相关信息，右侧则展示了该项目中包含的所有任务。截止日期指的是项目允许被抄录的截止日期。对于抄录中的任务，若超过截止日期仍未提交则会被系统自动提交。对于已经提交但还未被审核的任务，依旧按照原先流程进行。项目的难度系数是根据标准积分、差异系数经由系统按照计算公式得出。项目难度系数将影响项目中每个任务完成后的积分，难度系数越大，积分越高。任务状态分为未认领、抄录中、待审核、被退回、已完成五种。未认领状态指的是任务尚未有人认领，可供选择抄录。抄录中状态指的是任务被认领，正在抄录中。目前平台上正在抄录中还未完成的项目有《盛宣怀档案之辛亥革命》《盛宣怀档案之谕旨（溥仪）》《盛宣怀档案之轮船招商局信函（盛宣怀致李鸿章）》等。待审核的任务已保存提交，有待专家审核。被退回的任务需要由专家退回需修改任务，抄录者按留言重新抄录提交。已完成的任务代表专家已审核通过任务，可点击查看抄录内容及评分。

项目发布流程分为以下四步：

---

[1] http：//zb.library.sh.cn/.

① 元素集定义 / 元数据导入：发布者需要在元素集管理中配置元数据 schema，随后上传待抄录任务的元数据信息。上传元数据中必须包含任务唯一标识符、文件路径以及题名字段信息。其中唯一标识符和文件路径中的文件夹名都必须是唯一值。

② 资源对象导入：发布者将待抄录的图片资源对应元数据信息导入系统，允许逐个导入以及批量导入。

③ 项目发布：发布者根据主题以项目为单位将文献打包发布，发布过程中需要设置项目基本信息，勾选待抄录字段，关联文献资源，定义项目难度、抄录次数、截止时间等相关要素。

④ 数据导出：发布者可以导出所有已完成任务，查看抄录内容。

任务抄录流程分为以下四步：

① 领取：用户可以对所有状态显示为“未认领”的未过期的档案领取抄录，将鼠标上移至未认领的任务图，点击右侧抄录图标，确认后则成功领取该任务。

② 抄录：领取任务后，根据需求填写“元数据字段”以及“全文抄录”。元数据中所有文本框内的内容为必修改内容。全文抄录中，按页抄录左侧图片中的内容，不能为空。留言用以记录抄录过程中的问题或特殊说明，以便专家审核。

③ 保存 / 提交：对于抄录中的任务，抄录好之后可以选择保存或者提交，提交之后则不能再对人物进行任何修改。提交时需注意，在元数据字段页中所有可编辑的元数据字段以及每页全文抄录内容都为必填栏，否则无法提交。

④ 被退回 / 通过：专家审核后，若抄录通过，则可在留言处看到专家评分，并得到相应积分。若任务被退回，则根据专家留言意见，再行抄录并提交。

任务审核流程分为以下四步：

① 转发 / 审核锁定：对于审核列表中的待审核任务，专家可以选择将任务转发给其他专家，或者点击锁定进行审核工作。

② 退回抄录人 / 零分通过：审核过程中，对于不符合要求的抄录任务，专家视抄录内容情况选择退回或零分通过。若退回任务，专家需指出抄录不足之处，以便抄录者修改。

③ 查看历史版本：专家审核过程中，可查看被退回过的任务的历史版本，以便

根据留言查看抄录者修改情况。

④ 通过：对于符合抄录要求的提交任务，专家根据其抄录质量进行打分。

上海图书馆众包平台凭借其开放的发包机制和灵活的管理模式吸引了社会上大量接包者参与科研众包项目，使得上图更高效率地完成了对古籍、手稿、档案的修复与抄写，加速纸质资源文本化，推动了数字人文项目的研究。

第九章
数字人文视阈下图书馆档案资源平台建设

9.1 数字人文与档案工作的关系

数字人文作为一个跨学科研究领域，影响着情报学、档案学等传统人文社科类学科的发展方向，档案的知识合集属性使它成为数字人文研究必不可缺的参与主体。国外早已开始研究档案参与数字人文工作的相关研究，国内学者从2015年也开始从不同角度展开了对档案工作参与数字人文建设的研究。档案是数字人文研究的重要对象和资源，数字人文和档案工作内容在很大程度上存在交叉，且档案馆是数字人文研究项目的重要地点。在国内，档案工作参与数字人文项目已成为主流趋势，“图书情报与档案管理视野下的数字人文”成为2019年度中国图情档学界十大学术热点。张斌等人[1]梳理了数字人文和档案馆之间的关系脉络，厘清了数字人文导向下档案馆的职能地位，指出档案部门是数字人文研究的重要参与主体。档案作为数字人文研究的核心对象，有着重要的人文研究价值，因为档案作为一种有真实性、证据性的书面文本，能够为数字人文项目提供主要的文本分析对象。

数字人文的兴起影响着档案研究的思维方式的同时，还能够为档案学研究提供新的方向和课题，数字人文是借助计算机衍生出来的新型研究范式，由数字技术产生的语义关联技术、文本挖掘技术、可视化、人工智能等技术能够为传统的档案学研究提供更多的研究方向，拓展出新的研究主题。档案馆藏资源不仅数量多而且类

---

[1] 张斌，李子林. 数字人文背景下档案馆发展的新思考［J］. 图书情报知识，2019（6）：68-76.

型多样复杂，仅依靠传统的档案工作方式进行整理研究难度很大，此时借助数字人文相关技术便可以加快档案研究的进度，减少工作量，提高效率。

促进档案机构和数字人文机构的合作是必然趋势，档案部门可以邀请数字人文机构合作开展档案资源库建设项目，也可以和图书馆等机构合作共建数字人文中心的合作模式。[1]

---

[1] 李子林，王玉珏，龙家庆．数字人文与档案工作的关系探讨［J］．浙江档案，2018（7）：13-16.

9.2 图书馆与档案工作的关系

古籍、文书、图像、有声文件等档案具有不可再生性，这是人文学者进行研究不可缺少的重要材料，在我国各类型图书馆中，都保留有海量的档案资源。2013年12月30日，习近平在中共中央政治局就提高国家文化软实力研究进行第十二次集体学习时指出，“要系统梳理传统文化资源，让收藏在禁宫里的文物、陈列在广阔大地上的遗产、书写在古籍里的文字都活起来。”习近平总书记的讲话是对我国图书馆进一步加强管理和利用人文档案的明确指示。[1]

对图书馆来说，在最大限度地保护和管理好现存文史档案的同时，对档案的保护性整理也是图书馆的重要工作，是进一步开发、利用文史档案、进行数字人文研究的基础。新中国成立以来，尤其是改革开放以来，我国对文史档案的保护和整理不断加强，党的十八大以来，更是取得了巨大成就。根据中国国家图书馆（国家古籍保护中心）的数据，截至2019年10月28日，累计发布217家单位的古籍普查数据772861条7447203册。

对于专业图书馆来说，其主要优势之一是有自己的研究机构来指导图书馆的学术研究方向，有强大的科研力量来支持图书馆事业的发展。以中国社会科学院为例，

[1] 李彦伟，黄晨，管宇飞，等．馆研融合 让图书馆古籍文献为学术服务——中国社会科学院经济研究所古籍特色和整理利用［J］．文献与数据学报，2021，3（01）：100-112.

长期以来，大多数专业图书馆都依赖不同研究机构的专业馆员，许多专业图书馆引进的人才大多具有一定的特长和学科背景优势，为开展高质量的文史档案整理创造了更好的条件。

而高校图书馆在管理和保护档案的同时，始终坚持以科研为中心，整合科研，依靠强大的科研能力科学地将专业研究与档案整理、研究、利用相结合，挖掘和提升专业文献档案的学术价值，高校图书馆应提供高水平的文史档案整理、共享和协助工作，更好地为科学研究服务。

9.3 图书馆数字人文档案资源平台

图书馆和档案馆进行馆际合作开办数字人文档案资源平台是对地方特色文献资源进行深入研究的重要途径，不仅能够提高档案资源的编研整理效率，研究人员从图书馆也能更加方便快捷地获取自己研究所需要的资料，再由图书馆的专业数字人文馆员对档案资源进行处理加工，加速档案资源的数字化进程。

《中华人民共和国公共图书馆法》第三十二条规定：公共图书馆馆藏文献信息属于档案、文物的，公共图书馆可以与档案馆、博物馆、纪念馆等单位相互交换重复件、复制件或者目录，联合举办展览，共同编辑出版有关史料或者进行史料研究。图书馆地方文献工作人员具备文献开发专业技能，档案馆征集编研处在档案资源征集与编研上具有明显优势。

地方文献在学术研究中具有重要价值，图书馆和档案馆可以突出地方文献的学术价值，直接为地方文献的管理和利用提供地方文献资源。与地方文献管理部门合作，对地方文献进行研究和发掘，并根据地方文献的组织方式，形成地方文献年鉴，也可为地方史料研究机构提供参考。图书馆作为历史研究的重要阵地，帮助研究者撰写通史、史学或专业史，或对文学进行全面研究，形成新的历史观，提出了史学理论，可以作为档案编纂和研究的重要资料，形成有价值的二次文献。如近年来的湖州市图书馆、湖州市档案馆利用地方文献积极开展史学方面的编研工作[1]，湖州市图书馆借助数字人文技术，完成了湖州历史文化丛书第七辑《湖州廉政史话》；湖州市档案馆利用抗日战争日本侵略者“烧毁房屋统计”“抗日战争伤亡人员调查”和“塘北抗战剪影”等资料完成了《湖州抗战档案汇编（1937—1945）》。

[1] 慎一虹．深入开发地方文献资源的若干探索——基于图书馆、档案馆合作的视角［J］．浙江档案，2021（1）：64-65.

9.4 布朗大学图书馆数字学术中心案例分析

布朗大学（Brown University）创立于1764年，坐落在美国罗得岛州首府普罗维登斯市。布朗大学是一所享誉世界的顶级私立研究型大学，是闻名世界的八所常春藤联盟成员之一，也是北美顶尖大学学术联盟美国大学协会成员之一。布朗大学的图书资料相当丰富，是美国新英格兰地区最大的大学图书馆之一，在全美109所服务于学术研究的大型图书馆中排名第48位。

该大学图书馆的数字学术中心（CDS）[1]，提供数字学术方法、项目开发和出版方面的专业知识、服务和教学，以促进数字学术的发展；通过与教师、学生和员工以及校园内各部门和中心的合作，激活和引导智力探索和创造力；支持创建新的学术、学习和创新的学术交流。CDS在数字人文、文本分析、社交媒体分析、数据建模和管理、GIS、数字出版、用户界面设计和可视化方面拥有专业知识，提供关于学术发现的数字方法和工具的咨询，分享研究活动，以及关于数字学术方法和最佳实践的项目。

其次，CDS还能够提供关于数据、工具和方法课程教学以及协助开展相关学术研讨会，如数据管理和数据共享、数据清理和操作、数据分析与可视化、地理和空间工具、DH工具和方法、数据管理和数据共享的学术课程等。数据管理和数据共享课程涵盖研究数据管理的基础知识，并为参与者提供在研究生命周期不同阶段应

[1] www.librar.brown.edu/creat/cds/.

用的数据管理活动的概述。此外，参与者还将学习数据管理和数据共享计划的剖析。最后，参与者将计划对其数据进行评估，并将其数据归档到相关存储库中，同时学习布朗大学图书馆的工具、人员和资源，以支持研究项目结束时数据的发布。

在CDS开展项目研究时，布朗大学图书馆会提供专业的馆员、工具和资源，对研究者的研究项目编写数据管理和数据共享计划。此外，CDS还提供研究数据管理服务并开展相关课程。课程学习有效管理、管理、发布和共享研究数据的最佳实践。参与者将收到关于如何在其研究项目的整个阶段规划数据管理的信息，包括建立文件命名约定、文件夹结构、注释和描述数据、版本控制、备份、存储和保护数据文件的最佳实践，以及在存储库中共享和归档数据。

在过去的几十年里，布朗大学数字学术中心及其前身学术技术团队为布朗大学的许多数字化和相关项目提供了帮助，如"1968年：全世界都在关注这个网站""阿拉瓦伊帕超越狂欢节""教育改革""巴西利亚收藏""博卡乔十日谈""水晶宫"等项目。

开放档案项目是由布朗大学和巴拉那州马林加大学组织的一项雄心勃勃的事业，巴西在美国国家档案馆和记录管理局以及巴西国家档案馆的支持下，对1960年至1980年间美国政府档案馆中与巴西有关的数万份解密文件进行系统数字化和索引，并将其发布在两所大学的镜像网站上。这些网站还将提供数千页的中央情报局情报报告，这些报告以前只在马里兰州大学公园的国家档案馆二处提供。

为了完成这项任务，开放档案项目与美国国家档案和记录管理局（NARA）、巴西国家档案馆（Arquivo Nacional）和乔治华盛顿大学国家安全档案馆（National Security Archive）合作，通过创建可在线访问的数字副本来保存重要文件。

2013年夏天，布朗大学和马林加大学的一组本科生扫描了1963~1973年间美国国务院关于巴西的9872份文件，约占NARA在审议期间持有的文件的一半。1964年至1969年这段时期在20世纪巴西历史上尤其动荡，具有重要的历史意义。因此，开放档案项目决定集中于第一阶段业务的这一特定五年时间跨度。2014年夏天，第二组学生返回马里兰州大学公园，继续对数千份文件进行数字化和索引，这些文件将在处理过程中上传到网站。第三组学生在马萨诸塞州波士顿的约翰·F.肯尼迪总统图书馆开始了类似的工作。

第十章

图书馆数字人文工作需求

10.1 相关研究梳理

数字人文是一个多样化的研究领域，它将一系列学术实践与近几十年来快速发展的数字时代结合起来。[1]数字人文的实践包括了数字化、众包、档案和数据库、数字策展、文本、编辑、可视化、地理空间、游戏和代码等工作。[2]

尽管数字人文的研究仍处在探索性的阶段，但一些研究主题引起了研究人员的极大关注。其中一个主题就是数字人文学科中高等教育的状况以及如何改进它。根据最近的研究，数字人文的本科教育教学是不发达的。加菲尔德（Gaffield）指出，为更好地准备学生处理人文学科中的数据的举措才刚刚开始。[3]

数字人文馆员已经成为高校图书馆的实际工作头衔和职位，但美国图书馆协会（ALA）还没有为这个新兴行业制定核心能力框架，图数情报学教学也没有开始为这个迅速增长和扩大的领域进行专业化操作。数字人文馆员面临着政策、资源、基础

---

❶ Bradley，A. J.，El-Assady，M.，Coles，K.，Alexander，E.，Chen，M.，Collins，C.，... & Wrisley，D. J.（2018）. Visualization and the Digital Humanities. IEEE computer graphics and applications，38（6），26–38.

❷ Poole，A. H.（2017）. The conceptual ecology of digital humanities. Journal of Documentation，73（1），91–122.

❸ Gaffield，C.（2018）. Words，Words，Words：How the Digital Humanities Are Integrating Diverse Research Fields to Study People. Annual Review of Statistics and Its Application，5，119–139.

设施、外联、认识以及组织文化等多方面的挑战。[1]

基于数字人文教育和实践的现状，识别数字人文工作所需的具体能力，如知识、技能，是设计数字人文专业人员教育和专业框架的一个极好的基础。该分析的目的是确定在数字人文领域工作的广大专业人员所需的能力，评估数字人文领域的招聘广告中相关职位所描述的知识和要求的现状。这项研究的结果提供了促进图书馆学信息科学更好地融入数字人文领域和数字人文课程设计的见解。

10.1.1 图书馆与数字人文

数字人文是一个多学科交叉的研究领域，但是在数字人文涉及的所有的相关学科中，讨论最多的是图书馆员和图书馆学。这很可能是因为大学图书馆的价值与人文学科的价值非常相似。[2]数字人文领域有一种共识，即图书馆在数字人文领域扮演着重要的角色和作用。[3]即使在数字人文还没有发起，基础设施还不完善的地方，图书馆员也有能力建立以数字人文为中心的服务。[4]

已发表的有关数字人文和图书馆的研究，主要集中在如何把图书馆和图书馆人员的基础设施和角色最好地融入数字人文的研究过程。波列姆斯基（Poremski）指出，图书馆在数字人文中可以发挥的主要作用是"外联、项目管理、内容选择和数字化"[5]。

然而，将图书馆学嵌入到数字人文的研究过程中充满了挑战。最常见的障碍是缺乏资源、支持网络和培训机会[6]。这使得图书馆员陷入困境，试图将自己定义为数

---

[1] Poole，A. H.，& Garwood，D. A.（2018）. "Natural allies" Librarians，archivists，and big data in international digital humanities project work. Journal of Documentation，74（4），804-826.

[2] Lucky，S.，& Harkema，C.（2018）. Back to basics：Supporting digital humanities and community collaboration using the core strength of the academic library. Digital Library Perspectives，34（3），188-199.

[3] Risam，R.，Snow，J.，& Edwards，S.（2017）. Building an ethical digital humanities community：Librarian，faculty，and student collaboration. College & Undergraduate Libraries，24（2-4），337-349.

[4] Richardson，H. A.，& Eichmann-Kalwara，N.（2017）. Process and collaboration：Assessing digital humanities work through an embedded lens. College & Undergraduate Libraries，24（2-4），595-615.

[5] Poremski，M. D.（2017）. Evaluating the landscape of digital humanities librarianship. College & Undergraduate Libraries，24（2-4），140-154.

[6] Poole，A.H. and Garwood，D.A.（2018），"Interdisciplinary scholarly collaboration in data-intensive，public-funded，international digital humanities project work"，Library & Information Science Research，Vol. 40 No. 3-4，pp.184-193.

字人文学者或图书馆员，而没有足够的资源真正参与数字人文的活动。

10.1.2 招聘广告分析

对图书馆相关职位的招聘广告进行内容分析非常常见，通过对图书馆相关招聘广告的分析可以促进图书馆学信息科学教育。通过了解不同类型图书馆员的需求，图书馆学信息科学课程开发人员可以更好地实施课程开发和教学方法设计，这将有助于满足雇主的需求，并为高校图书馆的这些新职位培养成功的候选人。

基姆（Kim）等对数字策展领域的招聘广告进行了分析。数据来源包括美国图书馆协会招聘网站（ALA Job LIST）等，使用NVivo软件进行编码和分析。对岗位头衔、机构类型和地点、学历、经验、知识技能、职务等进行了考核分析。❶

科翰（Khan）等对美国高校图书馆数据馆员招聘广告进行了内容分析。招聘广告来自ALA JobLIST、Indeed、Glassdoor以及国际社会科学信息服务与技术协会（IASSIST）的招聘网站。通过NCapture收集了50个随机的数据管理员招聘广告，并上传至NVivo进行编码和分析，应用内容分析方法，从招聘广告中了解什么是数据管理员所需要的任职资格和能力。❷

斯普罗尔斯（Sproles）等对政府文件馆员招聘广告的最新趋势进行了分析。研究人员回顾了2010年至2016年间在联邦图书馆Govdoc-L和ALA JobList上发布的75个招聘广告，并对每个广告中的职责进行了分类，发现大多数学术图书馆将政府文件图书馆业务主要视为一种公共服务，而不是技术服务。❸

汤普森（Thompson）对澳大利亚图书馆招聘广告进行分析，该研究使用了澳大利亚主要图书馆的求职搜索引擎中96个招聘广告作为数据来源。主要关注了澳大利

---

❶ Kim, J., Warga, E., & Moen, W. Competencies required for digital curation: An analysis of job advertisements. International Journal of Digital Curation（2013），8（1），66－83.

❷ Khan, H. R., & Du, Y.（2017）. What is a Data Librarian ?：A Content Analysis of Job Advertisements for Data Librarians in the United States Academic Libraries.

❸ Sproles, C., & Clemons, A.（2019）. The Migration of Government Documents Duties to Public Services: An Analysis of Recent Trends in Government Documents Librarian Job Advertisements. The Reference Librarian, 60（2），83–92.

亚图书馆行业的多样性和包容性。[1]

叶焕辉以国外知名高校图书馆数字人文馆员的招聘信息为研究对象，从岗位职责和任职要求等方面进行研究，结合我国实际情况提出了我国高校图书馆设置数字人文馆员岗位的必要性，并在数字人文馆员的选拔招聘、知识更新方面给出了相关建议。[2]

金玲娟选取2013至2017年间Code4lib、Dh+lib、DLF Jobs、ChronicleVitae.com等网络平台的21个高校图书馆数字人文馆员岗位的招聘信息，对这些岗位的名称、所属部门、工作职责和知识技能要求等进行内容分析。指出我国高校图书馆应建立适合本馆的数字人文馆员岗位，挖掘图书馆数字人文工作领域，加强数字人文馆员岗位所需要的技能培训与知识储备，以推进数字人文服务。[3]

[1] Thompson，K. M.，Muir，R.，& Qayyum，A.（2019）. Australian library job advertisements：Seeking inclusion and diversity. In International Conference on Information（pp. 817-825）. Springer，Cham.

[2] 叶焕辉 . 国外高校图书馆数字人文馆员岗位设置研究［J］. 图书馆工作与研究，2017（11）：48-52.

[3] 叶焕辉 . 国外高校图书馆数字人文馆员岗位设置研究［J］. 图书馆工作与研究，2017（11）：48-52.

10.2 数据来源与研究方法

10.2.1 数据来源

ALA JobLIST[1]是“图书馆与信息科学与技术工作”的招聘网站，是美国图书馆协会和大学与研究图书馆协会的服务网站。在此网站发布的招聘信息主要针对图书馆学信息科学的毕业生。

本研究获取了ALA JobLIST发布的所有招聘广告信息共24058个，其中一些广告被重新发布，直到招到合适的人才，所以本研究首先进行了数据去重处理。招聘广告是由雇主或其代表创建的，他们有时会犯输入错误，特别是在选择组织类型或职位类型类别时，本研究数据处理过程中进行了人工的修正。

ALA JobLIST的数据节点包括：职位头衔、工作ID、发布时间、州、国家、邮政编码、公司名称、工作类型、工作描述、工作要求、最低学历、最低工作经验、工资-高/低/类型、截止日期和工作职能。

数字人文的标准外文翻译为“digital humanities”，而有些机构用“digital scholarship”这个说法，根据以下标准，共收集到72个数字人文领域的核心工作需求：

① 在职位头衔里包含“digital”并且包含“humanities”。

---

[1] https://joblist.ala.org/.

② 或者在职位头衔里包含“digital scholarship”，并且工作描述中包含“digital humanities”。

根据以下标准，共收集到232个数字人文的相关工作需求：工作描述中包含“digital humanities”，并去除上面的核心工作需求。这部分工作虽然工作头衔里面没有出现数字人文，但是具体的工作职能包含数字人文的相关内容。

通过对 ALA JobLIST 里12年数字人文领域的核心工作和相关工作招聘广告的分析，了解数字人文工作的资格要求与工作职能，为数字人文教育提供建议，同时也反映了图书馆学信息科学在数字人文领域扮演的角色和定位。

10.2.2 研究方法

为了确定数字人文工作需求的特征和模式，我们分析了72个核心工作和232个相关工作数据集，重点关注以下六个方面：招聘广告发布的年份、职位头衔、学位要求、经验要求、知识和技能需求、职能和职责。

SCI2是一个专门为科学研究设计的模块化工具集，支持学术数据集的网络分析和可视化（SCI2工具，2019）[1]。我们识别了职位头衔中包含的关键词，然后将这些关键词数据导入到SCI2中，得到职位头衔中包含的核心关键词的频次。

我们人工审核了所有系统给出的职位描述和职位要求。手工提取出具体的学位要求、知识技能要求和职责。然后将数据导入 Vosviewer 中，得到和工作职责中关键词出现的频次和共现网络。进而识别数字人文领悟所需要的核心工作技能和工作职责。

另外本文使用 Pajek 里面提供的 Louvain 方法来检测知识技能要求和工作职责的社区划分。共现网络图和社区划分从 Pajek 导出到 VOSviewer，以进行网络社区的可视化。

---

[1] Sci2 Tool（2020）A tool for science of science research & practice. <https：//sci2.cns.iu.edu/user/index.php> accessed 6 July 2020.

10.3 结果分析

10.3.1 工作头衔分析

对于求职者来说，工作头衔是衡量一个职位是否合适的初步标识，也是一个工作需求最核心的概括和凝练。图10-1显示了数字人文的核心工作需求包含的至少出现两次以上的工作头衔。

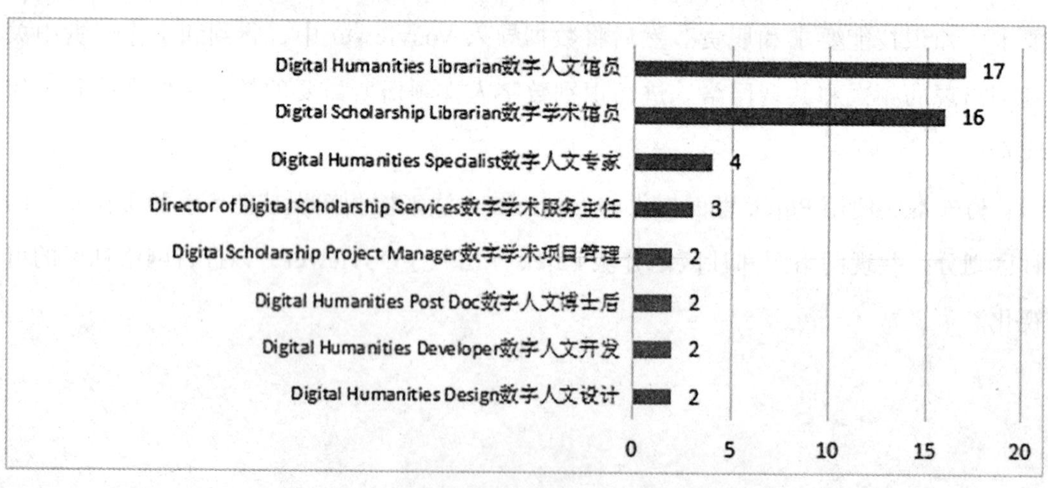

图10-1　数字人文核心工作职位头衔

“数字人文馆员”的职位最多，样本中共出现了17次，其次是数字学术馆员，出现了16次。其他职位头衔还包括“数字人文专家”“数字学术服务主任”“数字人文设计”“数字人文开发者”“数字人文博士后”等。所有的核心工作需求的职位名称都有“数字人文”或“数字学术”，所需从业者完全负责和完成数字人文相关的职能和职责。

图10-2显示了数字人文相关工作包含的至少出现两次以上的的职位头衔。职位名称非常分散，出现最多的职位名称是“人文馆员”，共出现了8次，然后是“数字计划馆员”，出现了5次。其他职位头衔还包括“研究与培训馆员”“数据服务馆员”“特藏馆员”“参考与培训馆员”“数字研究与出版”“数据服务及政府信息服务馆员”等。

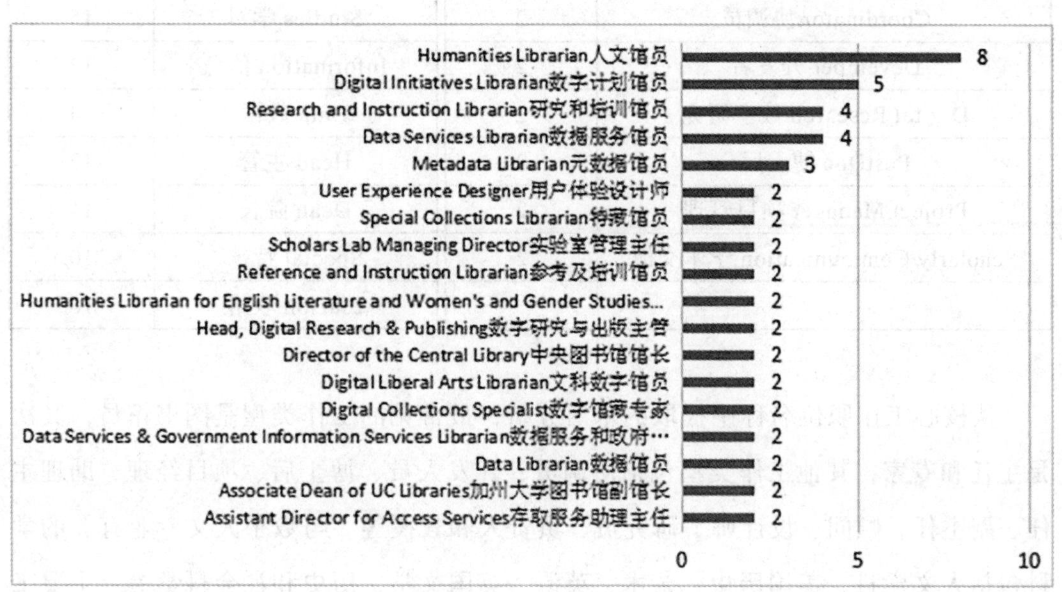

图10-2　数字人文相关工作职位名称

为了更好地挖掘职位名称中包含的内容和范围，本研究将所有职位名称划分为关键词词组，从职位名称中提取出的不同术语的出现频次如表10-1所示。

表 10-1 职位名称中的关键词分布

核心工作		相关工作	
关键词 / 词组	频次	关键词 / 词组	频次
Librarian 图书馆员	42	Librarian 图书馆员	131
Digital Humanities 数字人文	35	Digital 数字	39
Digital Scholarship 数字学术	35	Director 主任	33
Director 主任	8	Research 研究	30
Services 服务	6	Collections 馆藏	28
Humanities 人文	5	Services 服务	26
Research 研究	5	Humanities 人文	27
Specialist 专家	5	Library 图书馆	25
Center 中心	2	Instruction 培训	18
Coordinator 协调员	2	Studies 学习	15
Developer 开发者	2	Information 信息	13
Digital Research 数字研究	2	Data 数据	14
PostDoc 博士后	2	Head 主管	12
Project Manager 项目管理	2	Dean 院长	11
Scholarly Communication 学术交流	2	Special 特殊	10
		Liaison 联络	10

从核心工作职位名称中提取的术语分析，最常见的工作类型是图书馆员，其次是主任和专家，其他工作类型包括协调员、开发人员、博士后、项目经理、助理主任、副主任、顾问、设计师、研究员、负责人和教授等。与数字人文专业有关的学科包括人文学科、美国历史、艺术、英语、英国文学、历史和社会科学等。主要工作包括服务、研究、数字研究、学术交流、技术、设计、教学、学习、文学研究和教学等。

对数字人文相关工作职位名称中提取的术语分析，与数字人文相关的工作包括数字化、研究、馆藏、特殊馆藏、服务、培训、联络等。

10.3.2 任职资格 / 要求分析

（1）学位要求

所有72个数字人文核心工作的招聘广告都包含了关于教育背景的要求。最低要求学位分布如图10-3所示。

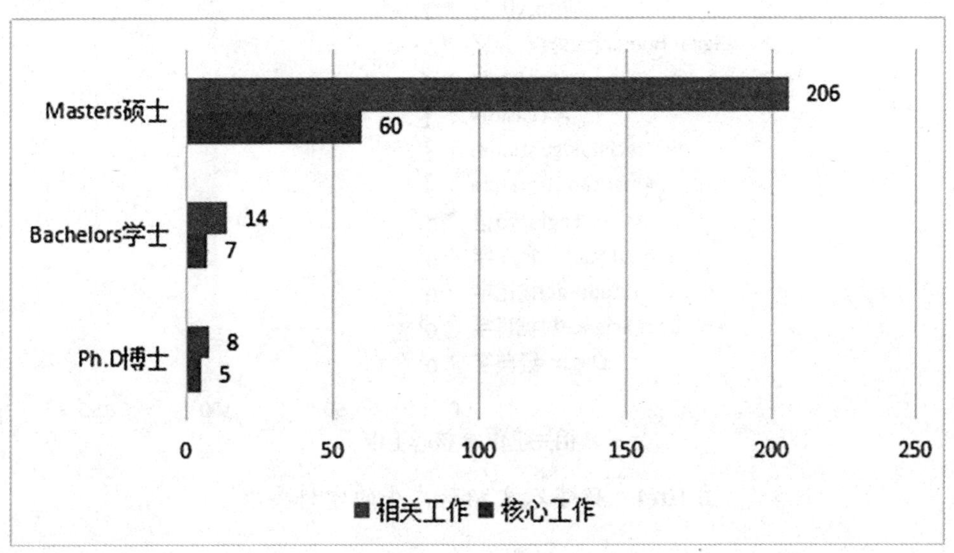

图10-3　数字人文招聘岗位学位要求

① 博士学位获得者才能胜任的职位有5个。

② 要求硕士学位的职位有60个，其中16个优先考虑博士学位获得者。

③ 剩余7个职位只要求本科学历，但是其中四个优先考虑硕士或博士学位获得者。

相关的232个招聘广告中228个有最低学位要求。

① 其中最低要求为硕士学位的最多，有206个。

② 最低要求为本科学位的有14个。

③ 最低要求为博士学位的有8个。

数字人文招聘广告的学科要求如图10-4所示。72项核心工作需求中，其中54项列出了具体的学科要求。其余部分没有说明具体的学科，比如其中一些只是提到“相关专业或相关的高等学位”。

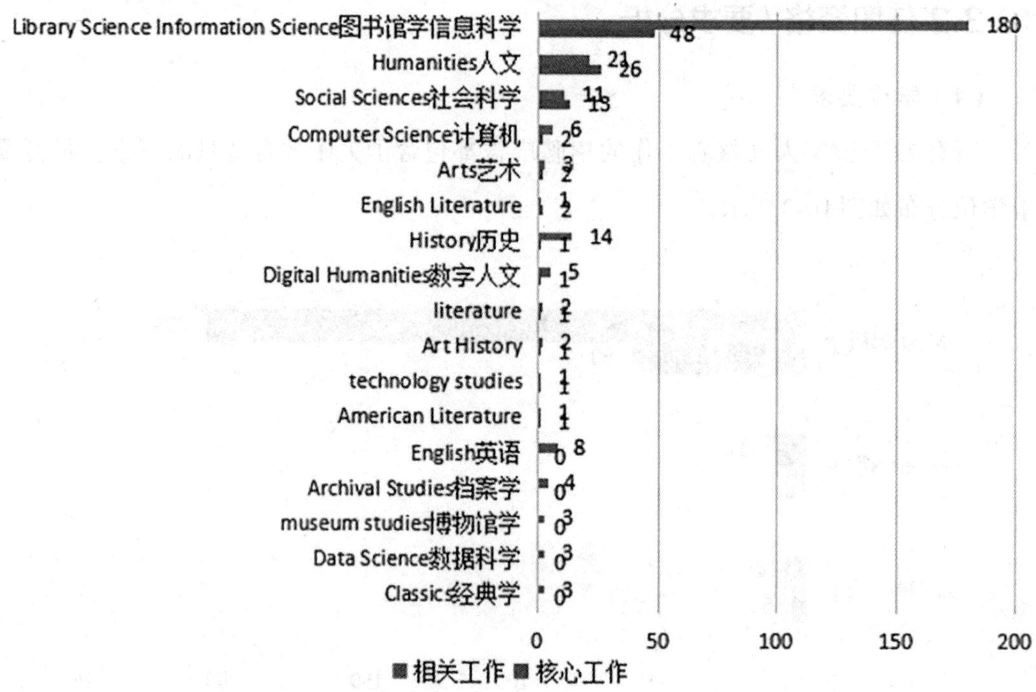

图10-4　数字人文招聘广告的学科要求

在核心工作需求中，89%（48/54）的招聘广告提到了图书馆学信息科学硕士学位。

48个要求图书馆学信息科学硕士学位的招聘广告中，其中8 个更倾向于具有相关人文学科的第二学位。

除图书馆学信息科学外，人文学科共被提到26次，社会科学被提到13次，其他学科都仅仅出现1到2次。

232个相关工作需求中，其中191个列出了具体的学科要求，其余只是要求相关学科的高等学位。

94%（180/191）的招聘广告中提到了图书馆学信息科学硕士学位。其中61个希望最好有其他专业的背景知识。

除图书馆学信息科学外，人文学科共被提到21次，历史学科被提到14次，社会科学被提到11次。

（2）经验要求

72个数字人文核心工作中，81%的招聘广告（58/72）希望应聘者有一定的工作经验。这些经验经常被描述为：在学术或研究图书馆工作的经验；图书馆技术和应用的经验；管理数字学术活动的经验；使用数字学术平台的经验；在人文、社会科学和艺术领域从事数字学术活动的经验；学术交流、权限管理、数字化生产和元数据描述的经验；项目管理的经验；项目写作经验；教学经验等。收集到的招聘广告中，近一半（33条）有具体的工作年限要求。其他没有具体的最低工作经验要求。232个数字人文相关工作中，126条有具体的工作经验年限要求，具体分布见图10-5。

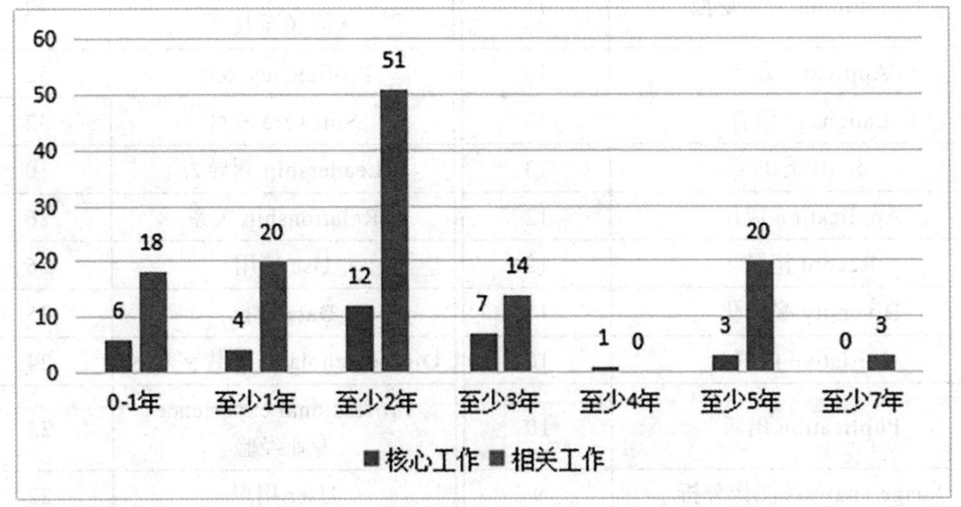

图10-5 数字人文工作的经验要求

（3）知识和技能要求

在核心工作样本中，有69个样本可以从职位描述和系统给出的职位要求中提取特定的知识和技能要求。我们提取了代表招聘广告中列出的特定资格和要求的有意义的术语，进行关键词共现分析，以识别数字人文招聘广告中与学位无关的资格和要求。在相关工作样本中，有227个样本可以提取出特定的知识和技能要求。表10-2显示了数字人文工作知识和技能要求的关键词及其频次。

数字人文核心工作要求的技能主要有：数据可视化、文本挖掘、记录管理、出版、交流及图像分析等。数字人文相关工作要求的技能主要有：管理、学术、人际关系、软件使用、数据管理、数字学术等。下面具体分析核心工作中的重要技能需求。

表10-2 数字人文工作知识技能要求关键词

核心工作		相关工作	
关键词	频次	关键词	频次
Project 项目	44	Humanity 人文	67
Communication 交流	44	Management 管理	61
Library 图书馆	31	Standard 标准	36
Data visualization 数据可视化	16	Scholarship 学术	34
Text mining 文本挖掘	15	Interpersonal skill 人际关系技巧	32
Approach 方法	14	Proficiency 效率	32
Language 语言	13	Software 软件	32
Staff 员工	13	Leadership 领导力	30
Application 应用	12	Relationship 关系	26
Record 记录	12	Use 使用	26
Diversity 多样化	11	Data 数据	25
Initiative 倡议	10	Digital scholarship 数字学术	24
Publication 出版	10	Professional experience 专业经验	23
Image analysis 图像分析	9	User 用户	22
OMEKA	9	Flexibility 灵活	21
Social science 社会科学	9	History 历史	21
Technique 技术	9	Best practice 最好的实践	20
Art 艺术	8	Collection development 馆藏开发	20
Excellent communication 完美交流	8	Librarian 图书馆员	20
Instruction 培训	8	Supervisory experience 监管经验	20
Program 程序	8	Public service 公共服务	19
Variety 多样化	8	Team environment 团队环境	17
Colleague 同事	7	Archive 档案	16
Software 软件	7	Collaboration 协作	16

续表

核心工作		相关工作	
关键词	频次	关键词	频次
Augmented reality 虚拟现实	6	Diversity 多样化	16
Data issue 数据问题	6	Metadata standard	16
Digital scholarship tool 数字学术工具	6	Professional development 专业发展	16
Digital tool 数字工具	6	Reference 参考文献	16
Grant writing 写作	6	English 英语	15
Teaching experience 教学经验	6	Social science 社会科学	15
Use 使用	6	Technique 技术	15
XML	6	University 大学	15
Creativity 创造性	5	Expertise 专家	14
English 英语	5	Higher education 高等学历	14
GIS	5	Writing 写作	14
Humanities discipline 人文学科	5	Digital project 数字项目	13
Participation 参与	5	Enthusiasm 热情	13
Programming 编程	5	Grant writing 写作	13
Research library 研究图书馆	5	JAVA	13
University 大学	5	Library service 图书馆服务	13
Workshop 工作组	5	Oral communication skill 口头沟通能力	13

从技能需求分析来看，“项目”和“沟通”是广告中使用最多的术语，在样本广告中出现了近三分之二（64%）。术语“项目”主要是指有项目管理经验，或者在数字项目工作流程方面有很强的背景。“沟通”一词主要包括人际沟通技巧（35%的广告提及）、口头沟通技巧（26%的广告提及）、学术沟通技巧（23%的广告提及）、书面沟通技巧（20%的招聘广告提及）。

其余的技能需求在广告中出现的频率不到四分之一。数字人文的研究工具和方法是很重要的技能，包括常见的如数据可视化（23%的广告中提到）、文本挖掘（22%的广告中提到）、图像分析（17%的广告中提到）和增强现实（9%的广告中提到的）。关键词“语言”出现在20%的广告中，涵盖了两种含义：编程语言和外语。编程和脚本语言主要包括Python、R、JavaScript、Ruby、MySQL和PHP。一些招聘广告还指出，除了英语之外，应聘者还需具备一种或多种外语能力。17%的招聘广告将数字人文或社会科学项目中常用的技术和标准列为必备技能，包括XML、TEI、MODS、METS和GIS。

人际关系和学术技能对大多数数字人文核心工作至关重要。例如，17%的工作要求有教学经验，14.5%要求在数字人文进行研究或出版，14%要求有教学技能。在这些广告中需要的另一项重要技能也是与同事、教职员工和学生合作的能力。许多广告还要求对多样性、公平、尊重和包容作出坚定承诺。

基于知识和技能需求的关键词共现情况，构建了共现网络，通过pajek中的Louvain方法，将核心工作和相关工作的技能需求分别划分为3个簇。也就是把需求分为三个大的类别。如图10-6、图10-7所示。

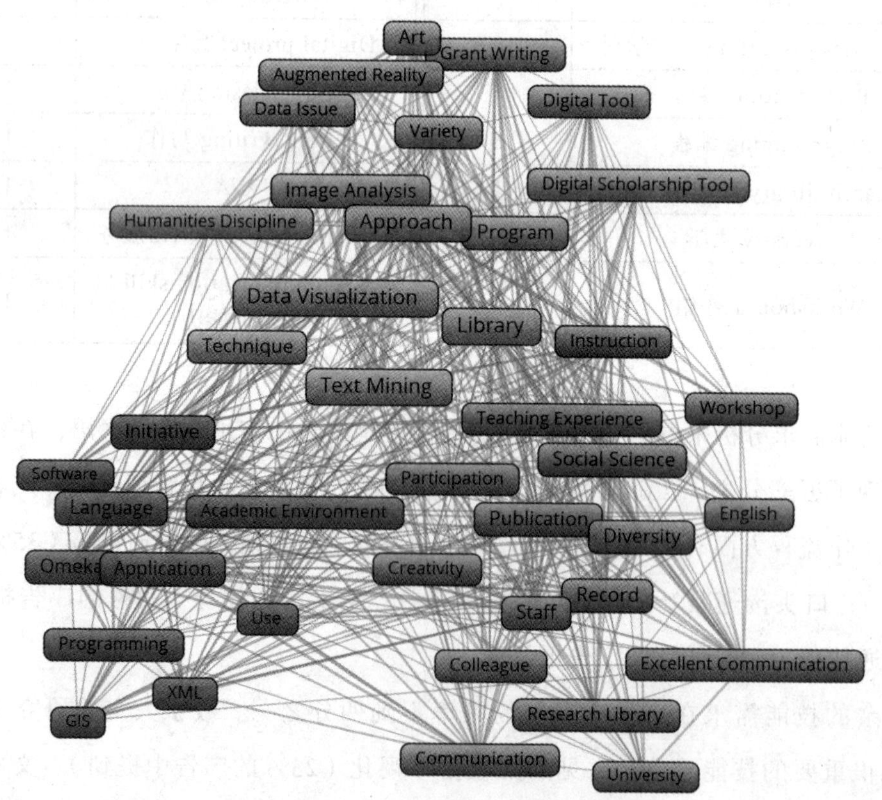

图10-6　核心工作知识技能要求

图 10-7　相关工作知识技能要求

核心工作知识和技能要求包括以下三个方面：

① 数字学术和数字人文的研究工具和技术。主要需求包括数字人文（例如：数字化、文本挖掘、数据可视化、制图、图像分析、增强现实等）、数字内容创作、数据管理、数字出版和网络出版、图书馆技术和应用、项目管理、工作流程分析、数据库设计、写作等方面的研究工具、技术和方法。

② 编程、脚本语言、软件和平台。主要需求包括编程语言（JavaScript、Julia、Python、R、XQuery 等）、数字学术平台（Fedora、Omeka、DHP Press 等）、存储库工具（DSpace Fedora 等）、OCR、Photoshop 等工具和技术、媒体数字化（图像、音频、视频）。

③ 出版，教学经验和交流能力。主要需求包括研究能力，发表有出版物或有专业演讲的能力，教学经验，与同事、教师、员工、学生、利益相关者、不同群体的合作，优秀的沟通，演讲和人际交往技能，权限管理，版权管理，社交媒体和拓展工具。

相关工作知识和技能要求同样可以分为三个方面：

① 数字项目管理、数据管理、Python 及 Java 等软件、学术交流、交际技能等。

② 馆藏管理、图书馆服务、信息素养、写作以及人文历史等相关学科的学生活动。

③ 档案、特殊馆藏管理、与大学及图书馆的协作、团队协作等。

10.3.3 工作职能 / 职责分析

（1）数字人文工作职能分析

核心工作72个招聘广告中，有67个具有一个或多个系统给定的工作职能，相关工作232个招聘广告中，210个由雇主指定了一个或多个具体的工作职能。工作职能的出现频次如图10-8所示。

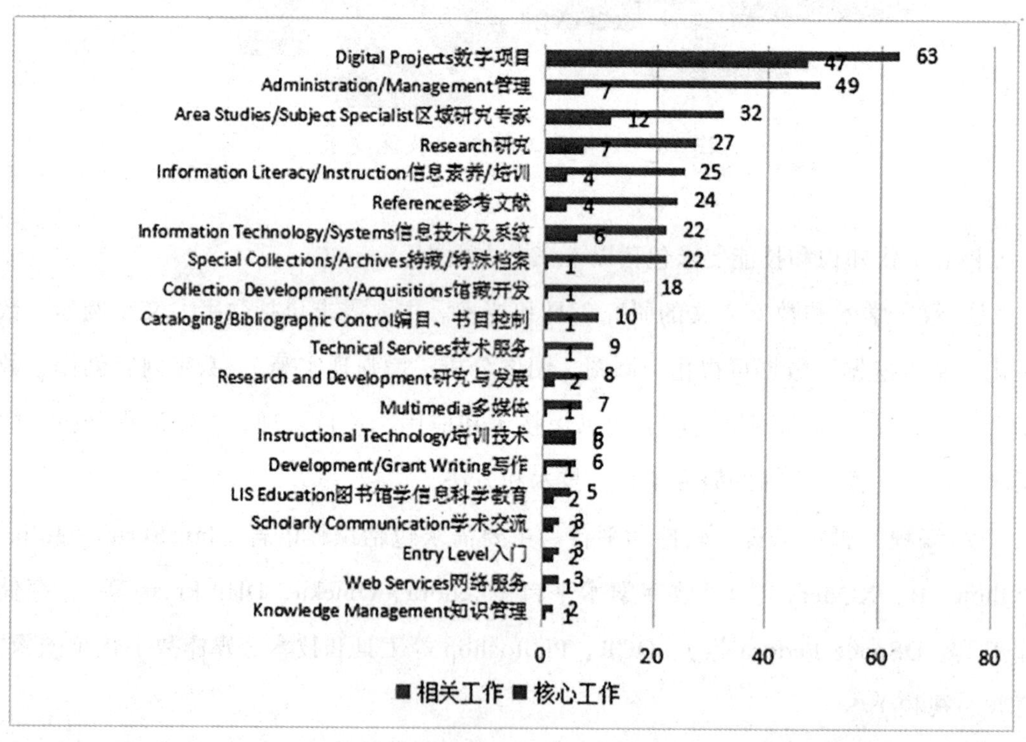

图10-8 数字人文工作职能

核心工作最重要的工作职能是数字项目（47），其次是领域研究/学科专家（12）。行政/管理（7）、研究（7）、信息技术/系统（6）及培训技术（6）在工作职能表中出现均超过5次，是与数字人文工作的主要工作职能。

数字项目绝对是招聘广告中最受欢迎的工作功能，出现了47次，占样本的70%。数字项目关注可持续数字项目的发展、实施、评估、改进和维护，主要关注与数字人文相关的数字项目的发展、保存、可及性、版权和开放获取。领域研究/学科专家是第二常见的工作功能，在12个招聘广告中有提到（18%）。领域研究/学科专家的工作功能侧重于支持研究人员、教师和学生在特定领域的研究、教学和学习计划。

相关工作最重要的工作职能也是数字项目（63），其次是管理（49）、领域研究/学科专家（32）。研究（27）、信息素养/培训（25）、参考咨询（24）、信息技术/系统（22）、特殊馆藏档案（22）的出现次数都超过了20次。

（2）数字人文工作职责分析

表10-3显示了职责要求关键词及其频次，数字人文核心工作职责主要有：数据可视化、文本挖掘、记录管理、出版、交流及图像分析等。数字人文相关工作职责主要有：管理、学术、人际关系、软件使用、数据管理、数字学术等。下面具体分析数字人文核心工作的职责。

表10-3 数字人文工作职责

核心工作		相关工作	
关键词	频次	关键词	频次
Scholarship 学术	54	Humanity 人文	67
Digital Humanities 数字人文	47	University 大学	66
Digital Scholarship 数字学术	45	Libraries 图书馆	58
Project 项目	45	Leadership 领导	48
University 大学	37	Digital scholarship 数字学术	43
Technology 技术	35	Plan 计划	43
Libraries 图书馆	34	Collection development 馆藏开发	41
Practice 实践	28	Preservation 保存	40
Community 社区	24	Data 数据	39
Learning 学习	23	Policy 政策	38

续表

核心工作		相关工作	
关键词	频次	关键词	频次
Partner 合作伙伴	23	Scholarship 学术	38
Liaison 外联	22	Operation 运行	37
Center 中心	21	Implementation 实施	36
Researcher 研究者	19	Course 课程	35
Training 培训	19	Discipline 学科	35
Publishing 出版	18	Reference 参考文献	35
Scholars 学者	17	Researcher 研究者	32
Creation 创造	17	Budget 预算	30
Workshop 研讨会	17	Practice 实践	30
Social Science 社会科学	16	library service 图书馆服务	29
Collaboration 协作	15	User 用户	29
Methodology 方法	15	Creation 创造	28
Trend 趋势	15	Digital collection 数字馆藏	28
Discipline 学科	14	Expertise 专家	28
Digital Humanities Librarian 数字人文馆员	14	Academic department 学术部门	27
Digital Scholarship Service 数字学术服务	14	Assessment 评价	27
Best Practice 最好的实践	13	Information 信息	27
Implementation 实施	13	Outreach 外展	27
Art 艺术	12	Digitization 数字化	25
Variety 多样性	11	Special collection 特殊馆藏	25
Technique 技术	11	Best practice 完美实践	24
University Libraries 大学图书馆	10	Maintenance 保存	24
Digital Scholarship Tool 数字学术工具	9	History 历史	23
Digital Scholarship Project 数字学术项目	8	Professional development 专业发展	23
Integration 集成	8	Research consultation 研究咨询	23

学术（78%）是样本中提到最多的工作职责，在大部分招聘广告中都有出现。紧随其后的是数字人文（68%）和数字学术（65%），主要包括期望聘用的申请人参与数字人文 / 数字学术项目、中心、工具、技术、研究、活动、社区、资源、服务、实验室等。65% 的广告将数字项目作为主要工作职责，这与被提及最多的工作职能一致。与数字项目相关的具体工作职责包括项目管理、咨询、开发和战略规划。

核心工作要求的大部分与数字人文相关的工作集中于促进图书馆和大学的数字人文活动，并为大学的教职员工和学生提供支持。例如，51% 的招聘广告要求应聘者使用工具和技术，包括评估现有的和新兴的工具和技术，以确定其在人文社会科学研究中的潜在用途；领导技术的开发和集成；研究数字学术技术和方法，并向教职员工和学生推广；推进信息技术对图书馆和数字学术的影响。数字学术领域的最佳实践是另一个受欢迎的工作职责，41% 的招聘广告都强调了这一职责。这一职责的例子包括研究数据管理的最佳实践和数字项目开发的最佳实践。

剩下的工作职责只在三分之一的广告中被提及。这些计划也着重于通过合作，支持和扩大数字学术。例如，35% 的工作要求应聘者在校园内建立数字人文社区并与多元化社区合作，包括与图书馆工作人员和校园多元化社区合作伙伴的合作。此外，33% 的工作期望员工与重点大学单位建立伙伴关系并培养关系，同时作为教师、学生和员工的研究伙伴工作。此外，有32% 的职位期望申请人作为单位的主要联络人，30% 期望申请人能够推进数字人文中心的目标和战略计划。33% 的工作岗位期望推进科研、教学和学习的学术使命，包括提供一个服务项目和产品，以支持教师和学生在研究、教学和学习方面的成功。28% 的招聘广告要求应聘者与同事和研究人员保持良好的关系，为从事数字学术的教师和研究人员使用的工具和实践提供支持。另有28% 的人要求员工提供关于数字学术工具和技术、平台和最佳图书馆实践的培训。26% 的招聘广告需要员工创建数字出版、开放出版或网络出版。最后，25% 的招聘广告提到了协助艺术和人文学者，以及连接不同学科的学者，另外25% 的招聘广告需要应聘者帮助创建数据、组织的 DH 项目和学术。

基于工作职责包含的关键词的共现情况，构建共现网络，通过 pajek 中的 Louvain 方法，将核心工作和相关工作的职责要求分别划分为2个簇和3个簇。如图10-9、图10-10所示。

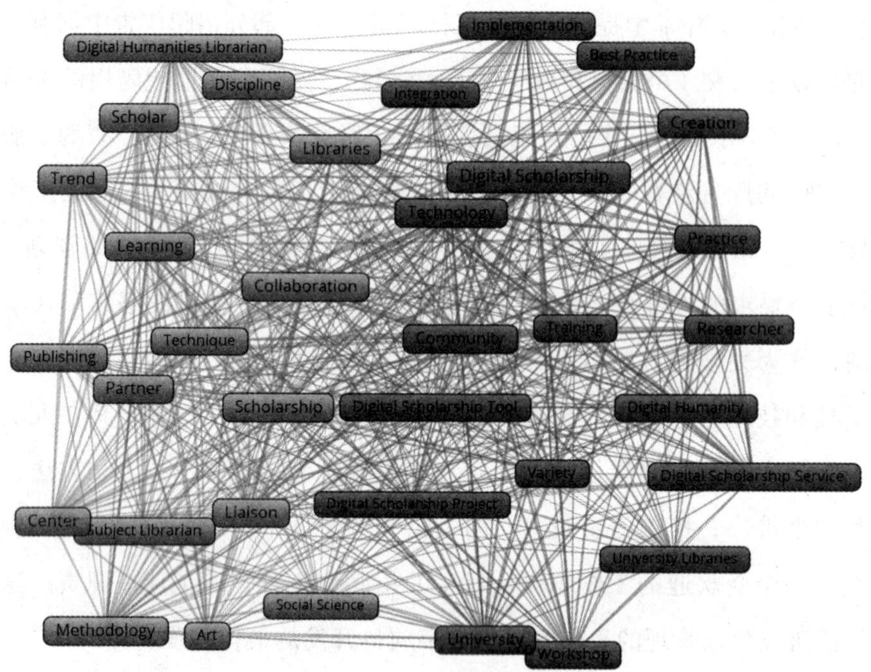

图 10-9　数字人文核心工作主要职责分区

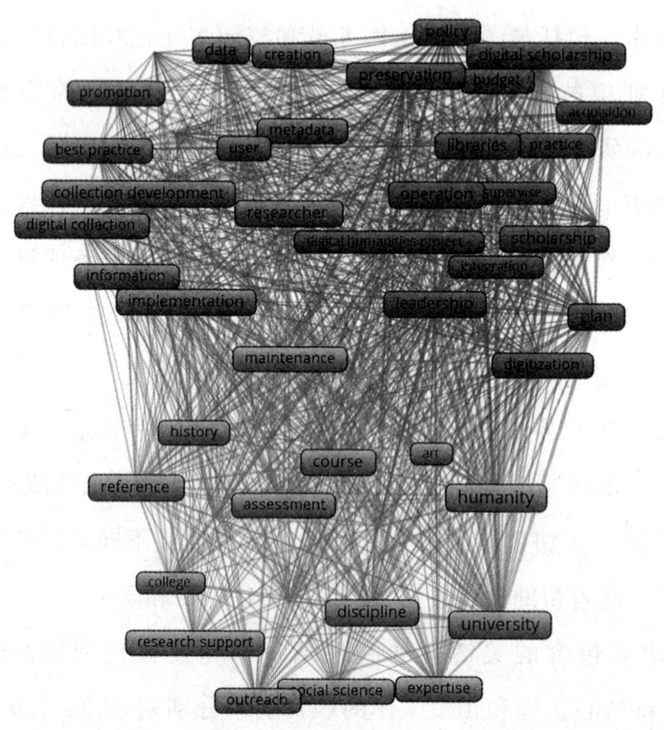

图 10-10　数字人文相关工作主要职责分区

核心工作职责包括以下两个方面：

（1）高校和高校图书馆数字人文研究、技术、工具、实践、服务与培训

数字人文项目的领导、协作及技术支持；原创数字学术的创建、使用和保存；促进数字化材料在数字人文项目和展览中的使用；开发和实施数字人文和社会科学的研究方法和工具；发展和管理特定的人文和社会科学；负责指导数字化学术研究方法、工具、平台和实践的研讨会；为教师、研究生和本科生提供数字学术工具和方法的培训；文本分析研究方法、工具、平台和最佳实践；数字项目开发、保存、可访问性、版权和开放访问的最佳实践；建立数字学术实践和评估社区；发展校园数字人文社区。

（2）与图书馆与图书馆员的合作、学术、出版、联络

在图书馆和信息技术服务方面与同事合作；管理图书馆的数字存储库，发布和重新格式化程序；领导图书馆创建新的、以客户参与为中心的服务模型；设计和开发图书馆馆藏；提供专家咨询，帮助艺术和人文学者和学生识别技术、工具和独特的收藏，以促进他们的教学、学习和研究；促进数字方法在研究、教学和学习中的成功使用和整合；负责与学术部门或项目的联络；联系相关的区域研究部门和多学科研究中心；学科馆员和特殊馆藏策展员；艺术、人文学科或社会科学学科的学科馆员；为图书馆提供数字艺术和人文趋势方面的策略和资源；推广数字出版参与的新模式；为收集和维持数字奖学金的出版和保存服务；创建数字出版和版权信息资源。

数字人文相关工作的工作职责可以区分为以下三个部分：

① 信息、数据、元数据、数字馆藏的开发创建、开发、整合及实践。

② 数字学术及数字人文项目的规划、开发、管理、保存、运行、监管、政策、预算等。

③ 对高校艺术、人文、历史、社会科学的研究支持、联络及参考咨询服务。

针对 ALA 的招聘广告内容分析提供了快速演变的数字人文领域专业人员的需求和职责的一幅详细的画像。雇主正在寻找合格的候选人来填补涉及数字人文活动和职能的职位。结果部分显示了数字人文工作所需要的或期望的属性，如教育、经验、知识、技能和能力，以及职位所要求的职务和职责，也为图书馆学信息科学如何参与融入数字人文活动提供了路径。

在知识、技能、能力和职责要求方面，不同工作岗位的要求差异很大。这种差异性反映了数字人文是一个仍在快速发展的领域，也反映了谁将承担数字人文领域所面临的广泛挑战的不确定性。这种差异也可能是由于不同机构的不同职位上分配的不同的数字人文任务造成的。换句话说，数字人文的工作不是特定职位的工作，而是根据机构本身的组织方式和任务，可能需要多个不同的职位、不同的技能和职责。

我们收集的样本主要来自学术 / 研究机构（学院 / 大学）。从学术型大学和大学图书馆收集的大部分招聘广告可能是由于几个因素。首先，我们获取样本的招聘广告列表是以图书馆为中心的。其次，说明学术型大学及研究型图书馆对数字人文活动的需求日增。我们的研究结果反映了学术图书馆的数字人文机遇。

本研究对数字人文的知识技能资格要求和职能职责进行了有趣的观察。不出所料，在许多工作描述中，都提到了在信息技术密集的环境中工作所需的技能，以及数字人文的特定工具、技术和应用。本研究发现对数字人文领域的研究工具和技术（如数字化、文本挖掘、数据可视化、制图、图像分析等）的知识需求很大。

数字人文的招聘广告中，首先有“数字项目”职能的职位平均占65%，其次是领域研究 / 专题专家，占所有招聘广告的17%。与此同时，“项目管理经验”是知识技能要求中最常见的表述。这证实了柯里尔（Currier）等人的观察，他们指出“项目管理过程中，四个项目阶段中的三个阶段对数字人文项目提出了一些独特的挑战。图书馆员已经掌握了项目管理各个阶段所必需的技能”。

由于我们从 ALA JobLIST 上选取的样本，可以认为是主要针对图书馆学信息科学毕业生的招聘广告。核心工作样本中，48个样本要求获得美国图书馆协会（ALA）认证的图书馆学信息科学硕士（MLIS）学位，但是有些工作需要同时具有其他领域的知识。所需领域知识出现在特定的学术领域，包括人文、社会科学、英国文学、计算机科学、艺术和美国文学等，这表明该领域的数字人文专业人员可能需要管理特定的领域知识。这项初步的研究为图书馆学信息科学课程开发人员提供了一个关于学术图书馆参与数字人文工作的概述，这可以帮助那些对数字人文工作感兴趣的学生更好的准备。

联系和培训技能经常在职位描述中提到，这表明这些数字人文专业人员经常要为教师和学生提供专门的研究咨询和指导 / 参考服务。此外，它们需要开展外联扩展活动，以促进指定主题领域的资源和服务。

第十一章

图书馆员数字人文项目管理技能

11.1 项目管理

2016年，项目管理技能成为数字人文招聘中最受欢迎的技能；已经超过了2010年和2011年的数字语料库的创建，2012年的工具能力，2013年、2014年和2015年的学术交流，成为最普遍需要的工作技能。与传统的项目管理相比，数字人文中的项目管理有一些重要的区别。机构可以通过雇佣新的员工来启动这些类型的项目。如果预算不能用于多个新的员工岗位，大多数图书馆最好利用现有员工的项目管理技能。不同类型的图书馆员的技能，以及涉及必要的文化转变，员工自己定位为项目的合作伙伴，而不是项目的服务提供商。

数字人文是一个复杂和有争议的问题，它肯定会受到兴趣、专业知识和需求的影响。“数字人文”这个术语是不固定的，它的定义因人而异。最广泛的定义，可以包括数字工具和数字档案的创建、数字人文学科的批评、数字教育、公共人文等。当开始启动数字人文计划时，行政图书馆员应该将数字人文宽泛地定义为一个实践社区，它包括“数字和人文结合所带来的机遇和挑战，从而形成一个新的集体”。

将数字人文定义为三种规模的协作研究项目：小型、中型和大型。小型数字人文项目“……通常由个人或小型团队与有经验的员工协商进行”，因此，通常不需要太多的员工时间，也不需要大量的财务。大规模的数字人文项目需要大量的资源和人员，并且需要大量的资金支持，因为“大型的人文项目是沿着大型科学的路线建立的”。它们涉及大规模的、长期的、基于团队的计划，构建大的蓝图。然而，大多数项目介于这两个极端之间。

为了讨论如何在数字人文项目中最好地利用图书馆员的项目管理技能，我们必须首先定义我们所说的项目是什么。一个项目可以被描述为“一个确定的开始和结束（指定完成时间）”“一个特定的、预先设定的目标或一组目标”“一系列复杂或相关的活动”和“有限的预算”。项目生命周期的四个阶段是概念化、规划、实施和终止。这种模式在项目管理工作中反复出现。

项目管理周期的第一阶段是概念化。这个阶段包括与客户的初步协商和创建一个项目任务。此阶段的其他特征包括“开发和评估项目备选方案”和“得到关键利益相关者的兴趣和支持”。这个阶段需要由最高管理层决定项目是否继续进行。

项目管理周期的第二阶段是规划。在此阶段将扩展细节。此阶段的其他特征包括确定项目范围、估计所需的资源以及创建项目进度。这一阶段需要通过谈判获得各方的批准。

项目管理周期的第三阶段是实际完成工作时的实施。此阶段的其他特征包括执行项目活动、监视、评估和报告项目过程，以及管理与利益相关者的关系。

项目管理周期的第四个也是最后一个阶段是结束。这个阶段的特点是项目的完成。此阶段的其他特征包括完成项目最终报告，报告项目结果和教训，解散项目团队。这个阶段需要一个评估或“获得的经验教训”。专为数字人文项目而设的计划需要考虑参与者的研究目标，以及项目的运作目标和规模。

11.2 传统的项目管理和数字人文项目管理

项目管理生命周期的第一阶段是概念化，在营利性和非营利性项目管理中有不同的服务理念。在营利性的项目管理中，关注的重点是客户的需求，并将所需的产品交付给客户；它是面向服务的，而不是面向合作伙伴的。非营利的数字人文项目是面向合作伙伴的，因为图书馆经常需要研究伙伴的学术专长；然而，他们的研究伙伴也需要图书馆的专业知识。在数字人文项目中，图书馆的工作人员和他们的研究合作伙伴可能会有相互竞争的目标。图书馆的存在是作为学校和学校的主要利益相关者（包括教师和学生）的资源，图书馆工作人员可能还有其他的关键目标。图书馆员可能想要扩大他们的藏书的使用范围，或者发展工作人员在某个特定领域的技能。研究伙伴想要回答一个特定的研究问题。在概念化过程中，研究伙伴和图书馆工作人员必须一起工作，将他们的目标与一个有凝聚力的项目结合起来。并不是每一个研究者描述的数字人文项目都适合图书馆工作人员，这个决定是在概念化阶段做出的。

项目管理规划生命周期的第二阶段是规划，考虑项目可交付成果。传统的项目管理规划关注于输出和可交付成果，较少关注作为可交付成果的过程的文档。在数字人文项目中，项目过程与研究成果同样重要。随着数字人文领域的发展，传统学术会议和图书馆会议都定期介绍数字人文项目。就连 Elsevier 也创办了一本名为《简单数据》（Data in Brief）的期刊，以鼓励对传统同行评议出版物背后的数据进行描述（例如，它们讨论了如何建立一个发声的阿拉伯语文本语料库）。数字人文过程的良好文档现在是一项研究成果，应该被视为最终产品的一部分。在规划过程中，研究人员和图书馆员需要同时关注项目和关于项目过程的良好文档，这样图书馆工作人员和研究伙伴就可以同时从项目和项目过程中创建研究成果。

项目管理规划生命周期的第三阶段，即实施阶段，营利性项目管理和非营利性项目管理应该是类似的。

项目管理规划生命周期的第四阶段为终止，包括营利性和非营利性项目管理之间的一些明显差异。在传统的项目管理中，项目有一个终止日期，在此日期项目被移交给部门或客户。在图书馆项目可以有三个终止日期。第一个日期是当项目的原始范围完成时（或者研究伙伴已经失去兴趣）。第二个终止日期是库不再保留项目的活动副本，而是归档项目副本。第三个也是最后一个终止日期是当图书馆员决定停止支持项目的档案副本时。通过在概念化或计划阶段对此进行规划，图书馆工作人员可以与他们的合作伙伴就何时停止支持该项目有明确的预期。

在终止阶段，营利性项目管理和非营利性项目管理的另一个显著区别是，非营利性工作人员必须考虑为其整个地区实施其项目。在营利性的项目管理规划中，一个项目可以被完成，而且再也不会被重新访问。图书馆的读者较多，因此必须考虑将计划投入运作或制订计划工作流程，让最广泛的图书馆读者获得所需的技能，以完成这类指定任务。

11.3 从项目管理阶段到图书馆员类型

项目管理四个项目阶段中有三个阶段对数字人文项目造成了挑战。值得庆幸的是，图书馆员已经掌握了项目管理各个阶段所需的技能。第一阶段为概念化，映射到公共服务图书馆员，这一类别包括任何以公共服务为主要职责的图书馆员，如参考馆员或流通馆员。第二阶段为规划，映射到技术服务图书馆员，其主要职责集中于图书馆的技术基础设施，如编目员或元数据图书馆员。第三阶段为实施，映射到所有图书馆员。最后一个阶段为终止，映射到行政图书管理员，他们的主要职责是管理，可能从部门主管到主任或馆长。

每一种图书管理员都有能力为项目的每个阶段提供有洞察力的观点。当广泛地将特定类型的图书馆员映射到项目管理规划过程的特定阶段时，我们认识到项目过程中所需的项目管理规划技能可以存在于单个图书馆员中，而不管其职位如何；一般来说，每一种图书馆员都特别适合在项目的特定阶段进行专门研究。然而，现有的组织结构通常不允许图书馆员的项目管理规划技能在数字人文项目中得到最有效的应用。

（1）概念化与公共服务图书馆员

项目管理周期的第一阶段是概念化。如上所述，这个阶段的特点是咨询和评估备选方案并将其映射到公共服务图书馆员。

公共服务图书馆员了解研究周期，如何细化主题，以及如何确定项目的哪些部分最适合赞助人和图书馆。考虑到他们在参考访谈和研究咨询方面的经验，公共服务图书馆员善于缩小目标范围，以便用户能够进行有效的研究，这很好地映射到第一阶段。

公共服务图书馆员擅长于项目规划的初始阶段，因为帮助人们识别和确定目标的范围与他们完成参考访谈的方式非常相似。公共服务图书馆员包括传统的参考馆员和联络馆员，但也可以包括其他类型的外联服务。传统的公共服务图书馆员角色正在转变，从馆藏发展转向了读者驱动的模型和数字优先的参考文献，而这些职责也从公共服务图书馆员转移到了技术服务图书馆员。虽然使用的方法和工具可能较新，但数字人文研究问题仍然是人文研究问题，而公共服务图书馆员可以使用他们的参考访谈技巧来帮助将一个问题细化为一个可以用其特定机构的可用资源回答的问题。参考馆员总是帮助学生和教师将研究问题概念化，并将其缩小为可管理的、可操作的问题或项目。理想情况下，公共服务图书馆员知道什么是可以做的，即使他们自己没有技术知识。

在此阶段引入公共服务图书馆员的另一个好处是，公共服务图书馆员与多个部门和学科保持联系，熟悉不同的成功衡量标准、任期和晋升指南。由于公共服务图书馆员在揭示潜在动机和基于这些动机确定项目范围方面具有特殊的专业知识，所以公共服务图书馆员的经验可以很好地映射到项目管理规划的概念化阶段。

（2）规划和技术服务图书馆员

项目管理周期的第二阶段是规划。如前所述，这个阶段的特征是开发项目范围、估计所需的资源并创建项目计划和映射到技术服务图书馆员。

技术服务项目通常是操作性的，而不是侧重于研究。在技术服务工作中，项目产生具体的结果，例如，由于加速编目，用户能更好地获得资料，由于编目工作人员进行的质量控制项目，目录的功能更好。传统的技术服务工作包括每天创建、改进和执行项目。

由于他们有运营目标的经验，技术服务图书馆员已经有了几十年的项目管理规划思维模式，通常专注于运营目标，而不是基于研究的目标。项目计划和管理对于那些处于传统技术服务岗位或“过渡性”技术服务角色（如从事数字化项目、创建元数据、创建网站等）的人来说并不是什么新概念。虽然不是所有的技术服务图书馆员都认为自己是项目规划者或管理者，但他们工作的基本要求是要求他们两者兼而有之。他们对数字人文项目的巨大力量和贡献不仅包括计划的能力，还包括创建与计划相关的文档的能力。技术服务图书馆员具有制订和实现重复活动的项目计划的经验，例如批量处理目录记录或升级图书馆目录。

随着技术服务领域的变化，学术研究图书馆已经开始与用户进行更多的合作。远程教育项目需要电子访问图书馆的资源。在人文和社会科学领域，获取原始资料的需求日益增长。特殊馆藏部门一直是，并将继续是一手来源的主要储存库；从历史上看，那些需要原始资源的人通常在校园里做研究。对于这些人来说，访问他们自己的图书馆的特别馆藏部门来满足他们的研究需求，或者通过拨款或大学的资金来获得资金，以便前往其他地方获取第一手资料，通常是相对容易的。由于越来越多的人需要获得原始资源——无论这些资源的实际位置如何——因此也越来越需要提供对这些材料的在线访问。

在当前的图书馆环境下，数字化活动（通常是数字人文项目的重要组成部分）通常是技术服务部门的延伸。数字化是将模拟内容转换为数字格式的过程，通常不仅包括扫描，还包括至少最低限度地添加元数据。数字化本身是一个简单的过程；单独来看，这不是一个数字人文项目。

对工作人员来说，从技术服务迁移到数字化是一个合乎逻辑的过渡，因为数字化的工作需要以项目为中心的思维模式，而这种思维模式长期以来一直是技术服务工作和管理的一个功能。此外，员工在进行数字化项目时所获得的技能，通常也可应用于支援数字人文项目。

随着技术服务图书馆员角色的扩展，它们的技能也在不断发展。他们现在关注项目管理、组织和描述对象的能力、管理技能和灵活性。传统的技术服务图书馆员可能需要获得新的技能，包括与外部合作伙伴的有效沟通、协商协作数字化项目的框架以及掌握新技术。

（3）实施和所有图书馆员类型

项目管理周期的第三阶段是实施。如前所述，此阶段的特征是完成工作、监视进度和管理与涉众的关系，并映射到公共服务图书馆员。

所有的图书馆员都在执行一个项目。公共服务图书馆员已经实现了一些项目，简单到为一个类创建指南，复杂到与开发新课程的部门协作。技术服务图书馆员已经实现了一些项目，简单到重新编目馆藏，复杂到将数百万卷馆藏移动到一个新的物理空间。行政管理图书馆员已经实施了一些项目，从简单的执行一项拨款提案到复杂的协调捐款来建造一个新的数百万美元的翻新工程。不管项目的规模和范围如何，图书馆员都熟悉如何克服障碍并在必要的挑战或出现竞争性优先事项时调整时间安排。

在数字人文的实施阶段与其他类型的项目相同。图书馆和合作伙伴执行项目计划，在出现相互竞争的优先事项时做出必要的调整。令数字人文具有挑战性的是出现了多少潜在的障碍，以及如何与利益相关者一起管理这些障碍。参与数字人文项目的人员必须预见这些障碍，然后引导所有的利益相关者，并根据需要调整时间表。

第三阶段最重要的工作之一是管理与利益相关者的关系。所有图书馆员都必须努力与利益相关者建立并保持良好的关系。长期以来，公共服务图书馆员通过与教师合作、参加院系会议、弄清课堂教学信息等方式来管理与学生的关系。在大型项目中，技术服务图书馆员通过与同事和管理层协调来管理关系。最后，行政管理图书馆员通过与校园内的捐助者和领导者合作来管理关系，为新的校园计划而努力。所有图书馆员都参与了与利益相关者的关系管理，并参与了实施阶段的各个方面。

（4）终止和行政管理图书馆员

项目管理周期的第四个也是最后一个阶段是终止。这个阶段的特点是完成项目最终报告、报告项目结果和经验教训（评估）、解散项目团队。此阶段映射到管理图书馆员。

具有管理经验的行政管理图书馆员可以使员工项目与图书馆的长期目标相一致，并为图书馆员提供足够的时间来支持或扩展项目。行政图书馆员也善于反映和评估项目，即项目管理规划的最后阶段。在这里，研究伙伴和图书馆员完成项目，确定经验教训，并转移战略和预算优先级。行政管理图书馆员有能力建立一种重视项目管理计划的创建、实施和评估的文化。

在评估过程中，项目成员创建一份经验教训清单，并就是否实施该项目向行政管理图书馆员提出建议，包括确定是否需要额外的预算资源。具备这类策略性思维和运作活动的专业知识，因而具备协助决定将来是否继续推行数字人文计划的技能，以及如有需要，应专注于哪些专业领域。

11.4 实施项目管理时的文化转变

即使行政管理图书馆员能够利用各类图书馆员的技能，发展图书馆员的项目管理规划思维，那么文化变革仍然是必要的。所有这些图书馆职位都有一定程度的项目管理规划经验，该领域仍在适应从纯面向服务的文化向协作文化的转变，并正经历成长的阵痛，因为它将转向一个协作环境，以实现成功的数字人文项目。

需要利用员工已经掌握的技能来构建项目管理规划。为了建立项目管理规划，图书馆管理需要创造一种项目管理规划能够蓬勃发展的文化：一种规划和协作得到认可和奖励的文化。数字人文项目天生具有协作性，因为它们需要多种技能才能成功完成。很少有人拥有完成数字人文项目所需的所有技能，即使你很幸运在你的机构有这样的工作人员，一个人也只能做这么多。对学科专家的需求不仅限于数字人文，还包括许多图书馆中关于数据、地理信息系统等方面的新举措，这些都需要协作的专业知识。

改变工作文化需要图书馆所有员工的支持，从上到下，从下到上。此外，图书馆也会面对制度和行政上的挑战，如果图书馆员能整体处理这些数字项目，便更容易应付这些挑战。

考虑到图书馆提供的各种服务（参考、培训、馆藏开发和管理、网络编程等），图书馆已经拥有了精通项目管理周期各个阶段的工作人员，并拥有数字人文项目所需的技术或“硬”技能。大多数图书馆员（参考、技术和管理人员）正在从具有相对标准化的工作流的面向服务的文化转向协作文化，在这种文化中，他们是合作伙伴，而不是服务提供者。这种转变有多种原因，其中之一是数字项目需要如此多不同领域的专业知识。

随着学术交流、数字人文、数据科学等职位的增加，图书馆员从内容和知识的管理者转变为知识和内容的创造者。学科馆员正在转变为学科专家，他们的主要角色从基于学科的馆藏开发转变为基于学科的用户支持，以帮助研究、教学和学习。现在，公共服务图书馆员不仅需要具备管理和发现知识的技能，而且还需要具备创建和分析这些内容的技能。

在图书馆员所提供的广泛服务中，为研究人员提供更清晰的支持是一个反复出现的主题。图书馆正从主要以馆藏为主转向以用户为导向。学科馆员需要对图书馆所支持的研究类型有广泛的知识，即使每个工作人员不能深入回答每个问题。为了发展图书馆员在数字人文项目中的项目管理规划思维，图书馆职员必须采取具体的步骤，改变图书馆内的文化。图书馆工作人员可以采取特定的行动来改变文化，以正确地实现项目管理规划流程的每个阶段。

（1）改变概念化阶段的文化

改变面向项目管理规划的文化，图书馆员将不得不适应将他们的服务型角色转变为面向合作伙伴的角色。这需要对数字人文作出明确的策略和财政预算。为了建立图书馆数字人文项目的项目规划思维模式，工作人员必须有重点地来确定合作的项目类型。

概念化阶段的一个挑战是，有些图书馆对数字人文有广泛而模糊的战略重点。战略计划有助于定义数字人文计划的成功。数字人文项目可以从数字教学到小型数字人文项目，再到大型的、长期的数字人文项目。正如数字人文项目会受到范围大小的影响，战略计划也会受到范围太广的影响。例如，一项战略计划可以作为一个起点，即图书馆正在“支持前沿的数字人文学术”，但这一目标过于宽泛，无法有效规划。战略计划一开始可以很宽泛，但之后应该把总体目标分解成可以计划的可实现的目标。

例如，某大学文本研究和数字人文中心的总体目标是“设计新的方式来回答长期存在的人文问题”。然而，需要细分为主要目标——知识、服务、可见性和能力——以及如何具体地实现它们。需要明确定义数字人文战略目标的具体战略规划，明确图书馆在可持续发展中的作用，使图书馆的利益相关者和图书馆员能够就支持特定类型的可持续发展项目做出决策。

项目管理规划的概念化阶段的下一个挑战是，图书馆员不习惯说不。在以服务为导向的情况下，当有人向图书馆员提出求助时，他们绝不会拒绝。图书馆一直为每位读者提供公平的服务。所有的参考问题尽量得到解答，所有的要求都尽量得到满足。但是要支持每一个数字人文项目是很困难的。许多数字人文项目需要领域专家、技术专家、法律专家和一个项目负责人来协调所有这些部分。高校图书馆要么为某些项目提高水平服务，要么为所有项目提供公平的服务。决定如何为数字人文的服务计划提供服务，可能是图书馆工作人员的新考虑。

这在概念上与企业规划中的项目管理规划不同，因为如果合作伙伴就不符合营利性企业的范围或兴趣的项目，该企业可以立即说不。相比之下，图书馆员的本能反应是一开始就说“是”。图书馆员应该像对待参考咨询一样对待与数字人文合作的最初对话，问“你想要做什么？图书馆怎样帮助你？”（对于小型的数字人文项目），或者，“我们真正想做的是什么？我们怎样才能达到目标？”（适用于中、大型数字人文项目）。

概念化阶段的下一个挑战是使研究伙伴的目标与图书馆的目标一致。由于传统的项目管理规划专注于营利环境，最终目标很容易确定：赚钱。图书馆通常是为其他非营利机构服务的非营利组织，因此，图书馆的目标不是为营利服务。研究伙伴和图书馆可能有相互竞争的目标，比如每个人希望为项目投入多少时间。在概念化阶段，所有的相关成员应该就项目和它的目标实际上是什么，以及如何最有效和公平地实现它们达成一致。图书馆工作人员和研究伙伴需要考虑参与者的研究目标，以及项目的操作目标和规模。规划数字人文项目是理论和实际的结合。为了进行一个项目，图书馆员和他们的研究伙伴必须缩小研究问题的范围，并根据他们机构的能力进行修改。当图书馆员第一次与未来的合作伙伴见面时，最初的对话应确定研究问题的重点，确定调查该问题的最佳方法，并确定项目的规模。

（2）改变规划的文化

数字人文项目规划阶段的困难在于，在项目开始时很难确定所有重要的利益相关者。在经过多次协商之后，才会意识到他们需要技术图书馆员、参考图书馆员、版权图书馆员，也许还需要一个行政图书馆员来帮助处理财务资源和优先级的变化。需要咨询所有这些人，以确定项目是否可以继续进行。在项目规划过程中，重要的是确保公共服务图书馆员和研究伙伴就他们的研究问题达成一致，并对成功有共同的理解。图书馆员和研究伙伴可以管理他们能够完成的工作的预期，以及在什么时间线上完成。在项目开始时以一种透明的方式进行这些对话，可以公平地分配和归属工作。通过在项目开始时识别工作流程，技术服务图书馆员可以开始考虑如何实施该项目。在项目开始时进行对话，工作流程从项目开始就被纳入项目计划。

在协同的数字人文项目中，过程和工作流与实际的研究输出同样重要。这是对传统项目管理计划或运营工作的根本性转变，传统的项目管理计划或运营工作以输出为中心，而不是以过程为中心。

（3）改变实施的文化

项目管理规划实施阶段的一个主要挑战是，各机构对量化指标的关注，几乎没有提供参与项目管理规划的激励。行政管理图书馆员已经转向了基于度量的输出，使用数量作为图书馆大小的推论，回答问题数量作为图书馆使用的推论，图书借阅作为藏书使用的推论。然而，使用指标来跟踪使用“硬技能”完成的任务比使用“软技能”更容易。行政管理图书馆员需要乐于奖励图书馆员良好的项目管理计划。行政管理图书馆员将需要适应与输出评估相结合的基于过程的评估。行政图书馆员负责绩效考核，并在员工会议或员工表彰仪式上表彰图书馆员的工作。通过将项目管理作为奖励、认可或至少是工作表现的基础，图书馆员在做项目规划时会感到很舒服。

（4）改变项目终止的文化

图书馆的存在是为了支持他们的利益相关者的信息需求，正因为如此，面向公众的图书馆员被期望与一个学生更密切地合作，或者在一个项目上花大量时间与一名教师合作，然后在未来与该学生或教师进行有限的互动。在数字人文项目中，这条线从传统的利益相关者支持转移到更重要的人员时间或图书馆资源投资。

第十二章

学科馆员参与数字人文的机遇和挑战

12.1 学科馆员需要数字人文技能

近年来，越来越多的图书馆意识到他们可能想要投入资源，包括员工的专业知识和时间、技术基础设施（如存储库）和物理空间（如数字学术中心或实验室），以使图书馆对这类学术做出更正式的承诺。虽然一些带头发起大型数字人文项目的教师在过去可能很少与图书馆互动，但他们有时会意识到，当他们必须将项目迁移到一个新的平台，或者当他们没有能力提供数据管理或保存他们的项目时，向图书馆寻求特定类型的专业知识可能是有用的。此外，图书馆员有一些数字人文方面的专业知识，而有些教员、研究生和本科生，他们没有知识或技术来开始开发项目，但是他们有兴趣。

图书馆员有能力向读者传授数字人文知识，并将项目作为学术和课堂资源加以推广。在大多数情况下，是教员与合作者共同发起大规模、多年期的数字项目，或许除了一些文本编码计划之外。学科馆员为图书馆作为数字学术研究的合作伙伴带来的关键因素是他们与学术部门的关系。学科图书馆员应该充当图书馆的眼睛和耳朵，了解哪些教员正在从事数字项目，或者正在考虑进入这个领域。

数字人文项目本质上是合作性的。参与数字人文学科的学科图书馆员希望在图书馆内部与数字技术专家、教学图书馆员、特殊馆藏图书馆员、档案管理员等进行合作。此外，许多学科图书馆员与来自许多机构单位的成员一起工作，包括教员、信息技术专家和教学中心的工作人员。还有一些项目，无论是在小型大学环境还是在大型大学，涉及跨机构甚至国际合作。

学术图书馆的学科专家（有时被称为联络员或书目学家，这取决于各个图书馆的哲学和不同的职责）常负责与不同的学科合作，例如英语或哲学。一般来说，这项工作需要向部门拓展，各种形式的参考和研究帮助，图书馆指导和馆藏管理。新的发展，例如出版趋势、预算挑战和许多学术部门不断变化的性质，正日益要求学科专家承担新的职责和角色。在某些情况下，学科专家可能会更多地参与校园的开放获取工作，或协助教师制订数据管理计划。这些新的方向需要学习新的技能和重新定义职位描述。由于对数字人文学科产生了新的兴趣，那些从事人文学科工作的学科专家也发现自己肩负着新的职责和角色。

数字人文——过去被称为“人文计算”——是一个新兴的协作领域，其中数字工具和技术被应用于人文的传统对象和方法。对于学科图书馆员来说，数字人文有可能与教员建立新的合作关系，以支持他们的研究、教学和学术。一些机构和图书馆仍在决定如何最好地支持数字人文项目。最近联机计算图书馆中心（OCLC）的报告阐述了图书馆参与数字人文的重要性和不同支持模式的潜力。该报告明确指出，虽然一些机构可能受益于拥有数字人文图书馆员的专业数字人文中心，但其他图书馆和图书馆员可以以不同的方式发挥积极的作用。人文学科专家可以在数字人文项目中发挥重要作用，但他们需要适当的培训和知识。正如 OCLC 的报告所述，“一个受人尊敬的学科图书馆员可以与一个学术部门合作，补充已经向教师提供的支持。”

专业学科图书馆员在数字人文项目的开发以及数字学术中心的活动和社区中扮演着核心角色。许多不同的团体聚在一起创建数字项目。学科图书馆员可以在研究学者和技术图书馆员之间提供桥梁，以创建各种类型的数字项目和各种合作模式，并贯穿项目发展的所有阶段。

与传统的人文研究不同，数字人文研究不是一个孤立的事件。一般来说，没有一个人拥有创建研究项目所需的所有技能、材料和知识。从本质上讲，数字人文项目，无论大小，都需要学者、技术人员和图书馆员的协作团队。

学术是任何数字人文项目的中心，而学者——教师、博士后或独立研究人员——通常是向项目小组提出研究问题的人。学者可能已经带了他自己的数据，并在学习探索研究项目所需的适当工具时请求支持，或者学者可能有问题，但在寻找或创建数据时需要支持。在大型的合作项目中，学者是主要的参与者。学者懂得如何构造问题，对问题的内容有较深的了解。然而，他们可能缺乏终端用户行为和信息架构的知识。

技术人员知道用于创建和维护大型数字馆藏或分析一组数据的工具和技术。它们是最新的适当软件、提供元数据和书目控制、创建用户界面、维护服务器空间并处理访问和保存问题。技术人员是创作过程中的专家，而不是内容的专家。

除了标准的馆员技能外，学科馆员还拥有其特定领域的高级知识。他们负责管理一个图书馆馆藏，并且非常熟悉图书馆的独特优势。除馆藏外，学科馆员还是与部门建立工作关系并了解其教职员工和学生的研究兴趣和教学需求的联络员。与图书馆的所有领域一样，主题图书馆员的地位在最近几十年中得到了发展，并将继续如此。他们已经熟练地适应了不断变化的信息环境和学术生产的转变。由于这种适应性，学科馆员有能力跟上技术和学术模式的变化。

学者、技术人员和人文学科图书馆员各自带来了一种独特的方法：学者、内容知识；技术人员，必要的技术技能；还有学科馆员，对数字人文研究的总体理解。虽然他们常常试图用不同的语言交流，都朝着共同的目标：确保广泛的文化遗产资源访问，寻找新的和有价值的操作数据的方法，在习和改善教学和交流过程，最重要的是，找到一个方法对公众产生重大影响。学科馆员具有学科知识和技术工具的整体观，在协调各参与方之间具有独特的地位。

无论数字人文项目如何开展，学科图书馆员都有自己的角色。选择、获取、编目、存取、保存、在线系统开发和数字化等技能，对数字人文项目的成功至关重要。图书馆已经被确定为教师可以从图书馆员那里学习完成数字人文项目所必需的技能的资源，如文本编码、元数据创建、保存和长期可持续性。尽管学科图书馆员的角色肯定会根据项目的需要以及当地的政治和技术环境来确定，但在整个数字人文项目的创建和传播过程中，学科图书馆员可以通过几种基本方式来支持该项目。这些潜在的角色中有许多是利用学科图书馆员作为联络员、教师、信息采集者和信息提供者等在他们的职业生涯中发展起来的技能。

（1）招聘及兴趣收集

图书馆员必须寻找机会和合作者合作，而不是等着他们去寻找图书馆。许多图书馆参与数字人文项目，但通常只是为了响应研究者的请求。作为与各部门和在各自领域有知识的人的联系，学科图书馆员为此已经建立了一个已经发展好的联系网络。学科联络员应该确定他们的教员中哪些已经参与了数字人文的工作，或者可能对它感兴趣。

在这个过程的这个阶段，学科图书馆员的参与对于那些对数字人文项目没有兴趣的机构来说是至关重要的。学科图书馆员在与技术人员一起工作中扮演着至关重要的角色，以促使教员学习模式的转变。学科图书馆员可以与他们的联络系的教员一起工作，提供关于使用数字工具提出新问题和采取新方法的扩展机会的信息。他们也可以利用背景知识来创建自己的数字项目。这样做的好处之一，就是给那些可能很少接触过这种方法的教师们提供了一个数字学术的例子。

（2）在项目计划阶段

在项目的初步规划阶段，学科馆员的贡献可以塑造项目的轨迹和长期的成功。学科馆员的参与从选题、范围和内容的选择开始。经过训练，图书馆员们会问一些关于一件物品对整个馆藏的价值的问题，他们很早就熟悉了挑选的任务。图书馆员/学者在选择中的合作关系会带来更好的项目，因为学者可以为选择带来知识上的严密性，而图书馆员则可以带来更有针对性的方法。通过稍微远离研究对象，学科图书馆员能够根据收集力量、机构和保存需要或回答原始研究问题的能力做出决定，而不是仅仅根据教师学者带来的个人兴趣。学科图书馆员还可以帮助平衡项目技术人员的观点，将选择标准扩展到技术考虑之外，例如数字化和编码的便利性。反之，一个学科图书馆员的技术考虑的知识可以帮助限制一个项目的范围，最有利于收集的项目，同时也充分利用技术人员的时间和资源。

学科图书馆员可以在技术人员对维护现有基础设施的兴趣、首选文件格式和数字保存约定和学者的直接关注（如范围、材料选择和组织）之间扮演中介角色。学科图书馆员必须在学者对项目的兴趣和想法与项目的范围、收藏的需要和长期保存计划的技术考虑之间取得平衡。

（3）在实施期间

也许学科图书馆员在实施过程中对数字人文项目的最大贡献是将教员与支持他们所在大学的数字学术的资源连接起来。如果学科图书馆员发展了可用的技术工具的知识，他们就可以帮助理解如何使用这些工具来回答学者提出的问题。技术专家可能知道像 Voyant 这样的工具可以分析文字的使用和接近度，但是学科图书馆员可以帮助学者有意义地解释结果。

当与数字信息源交互时，学科图书馆员可以贡献他们在信息寻找习惯和最终用户行为方面的知识。正如哈克马（Harkema）和纳尔逊（Nelson）[1]指出的，“联络图书馆员负责评估他们社区的学者和学生的需求，并为他们提供可用的最好的、最相关的资源。”一位图书管理员在参考咨询的经历为数字学术新手不同层次的期望提供了具体的例子。学科图书馆员明白，任何项目都有不同层次的潜在用途，需要创建信息的访问点。通常，最终用户与集合的交互方式不是其创建者最初设想的，并且预期这将有助于项目的整体可用性。

（4）项目完成时

学科馆员可以在项目完成后很长一段时间内继续为其做出贡献。他们参与决定在数字收藏中包括什么，增加数字形式的有价值的学术不会丢失的可能性。事实上，（图书管理员的）目标应该是帮助这项学术成果容易找到、容易使用和永久保存。学科图书馆员可以通过参考互动、指导、内部和外部推广等方式促进和获得已完成的项目，从而帮助保持收藏的时代性和相关性。没有一个项目是真正完成的，需要重新审视和更新，以响应发展中的用户行为。通过与最终用户的互动，学科图书馆员可以将功能和可用性问题带给技术人员。

学科图书馆员与教员一起评估他们的学术影响。特别重要的是，联络员的角色是与各部门合作，了解数字学术在终身教职过程中的价值。在数字环境中，他们可以与教员一起确定最合适的度量标准，以证明一个项目在学术领域的影响。学科馆员的视角可以预测数据和方法的未来重用，促进其被未来的学者使用，潜在地导致更大的长期影响。

（5）给学科图书馆员的实用建议

学科馆员必须在项目生命周期的每个阶段发挥积极作用。在这种积极的参与中，图书馆员充当着技术和元数据图书馆员与从事数字人文项目的学者之间的“翻译”。

[1] Harkema, Craig, and Brent Nelson. “Scholar-Librarian Collaboration in the Publication of Scholarly Materials.” Collaborative Librarianship 5, no. 3 (July 2013): 197 - 207.

学科图书馆员的知识使他能够将技术转化为学术，将学术转化为技术专家。对可用的内容管理系统、技术人员提供的技能和本地资源有一个基本的了解，并且利用所有这些来回答教员的研究问题的方法将导致更成功的合作。就像一个语言翻译，那些成功的人能够理解和驾驭当地丰富的文化，同时连接和理解游客对该文化的看法和需求。

为了建立这种理解，学科图书馆员必须看到随着学术模式的转变和变化而发展的必要性。下面提供了一些实用的建议，以帮助学科馆员在他们的机构中发展和促进成功的数字人文研究。

与人文学科的研究生交流，特别是那些还没有开始写论文的学生；了解机构的技术基础设施和环境；了解保存格式和标准；了解替代计量（Alt-metrics）和衡量数字学术影响的替代方法；探索成功的数字人文项目；主持一个关于数字人文的研讨会，并邀请外部参与者（包括校园教员、已经参与数字人文学术的教员、技术人员和图书管理员）；与教师和本科生一起使用数字人文工具设计作业；为学院提供关于数字人文工具或学术发展的研讨会；为项目的技术人员提供学科背景培训；寻求由开发者提供的数字人文工具的免费培训；与技术专家或在线工具合作学习编程的基础知识（例如 PHP、MySQL 和 Apache）；利用图书馆独特的主题收藏发起一个新的数字人文项目。

12.2 学科馆员在数字人文中的角色

作为一名学科图书馆员，已经拥有了许多必要的工具，能够帮助研究人员发展数字人文学术。了解所服务的部门正在发生的事情，以及了解所在机构的馆藏仍然是至关重要的，这将使自己在支持数字人文学术方面更加积极主动。了解所在部门研究人员的兴趣和优势，可以将他们与可能出现数字人文学术的档案或特殊收藏联系起来。也可使学科图书馆员在图书馆和其他地方提倡资源，以满足研究人员的需要，无论是内容和材料或技术。发展和维护与供应商的关系也很重要。对于数据挖掘项目，研究人员有时需要访问服务的底层数据，而不是通过产品典型的web界面访问。学科图书馆员可以作为研究人员和供应商之间的联络人，也可能与采购人员或法律部门一起工作。学科图书馆员还可以提出项目或项目中数据元素的版权、保存和归档等问题，以及提供传统的参考帮助，提醒人们在自己家图书馆之外还有相关资源。

学科图书馆员在各种数字人文项目的发展中扮演了许多角色。在一些情况下，学科馆员担任项目主任或主要研究员，更多的时候，学科图书馆员扮演着辅助角色：他们帮助早期数字人文项目的发展，为数据挖掘提供底层数据，鼓励研究生和教师遵循标准和最佳实践，开发元数据框架，并帮助评估已完成项目的可用性和改进方法。下面的清单说明了学科图书馆员在从事数字人文学科项目时需要使用的许多思维习惯。

（1）阐明项目的研究问题和进入学术对话

“常规”数字化与学术之间的界限并不是一成不变的，但在一个学术项目中，从一开始学者就能够清晰地表达研究问题和该项目所参与的学术对话是非常重要的。

（2）研究其他具有类似研究目标或方法的项目

这个步骤类似于在开始研究和写作之前进行文献综述。这样做可以确保不会把自己的全部精力都投入别人已经做过的事情上，而且可能会带来合作伙伴。

（3）定义项目的范围

为项目设定边界，包括项目的开始和结束、要完成的任务以及主要的受众。如果未能定义项目，将面临与持续变化的范围斗争的风险，因此，永远无法完成项目。

需要首先建立一个基础项目。与此同时，也要准备好评估朝着既定目标的进展情况。在修改项目的范围之前，仔细考虑范围变更的后果，并记住资源（包括时间）是有限的。如果由于合理的原因范围必须改变，那么重新评估项目是否可以用你现有的资源或者可以利用的资源来完成。

（4）评估所需和可用资源

确定完成项目所需的资源（硬件、软件、内容、专业知识）。尽早进行评估，掌握完成项目所需要的东西。评估机构中，图书馆内外，以及社区中可利用的资源。如果不能获得所有必要的资源，如何解决这个问题（改变项目范围，与另一个机构合作，或者引入其他合作者，使用不同的技术解决方案）。

资源评估可能表明为了完成项目工作需要资金（内部或外部）。如果项目需要资金，在什么阶段需要资金，在什么层次？这些资金可以从哪里获得？如果认为这个项目需要资金，这是否意味着需要重新定义这个项目以在现有资源的情况下完成它？如果需要外部资金，这对项目的时间表意味着什么？是现在就把事情做完更重要，还是能等到可能会或不会通过的拨款？

（5）确定项目参与者

数字人文项目通常会有一系列的参与者，包括学者、图书管理员、学生、信息技术专业人员和学术圈以外的人。在项目早期评估这些参与者应该是谁。如果没有合适的团队，就无法进一步开发项目。坦诚地讨论让每个人都参与到项目中意味着什么。在这个讨论中包括参与者的角色以及人们将如何得到信任和认可。

（6）制订一个沟通计划

沟通计划阐明了团队之间以及团队外部如何就项目进行沟通。在团队中，等待另一个项目参与者回答的合理时间是什么？沟通计划不仅要说明项目创建者将如何沟通，还要说明一旦项目或项目结果公开，询问将如何处理。什么是一个可接受的时间框架来回应？将如何记录回应？其他项目成员是否需要收到响应的副本？

（7）调查有关知识产权的问题

关于知识产权和数字人文学术，有许多问题需要考虑。在继续项目之前，要清楚项目使用的任何知识产权的版权和合理使用。始终清楚地说明为什么自己有权使用内容，即使理由看起来很明显。对于为项目创建的知识产权，调查与潜在市场产品（如软件）开发相关的问题。记录项目使用和创建的所有关于知识产权的决策。

（8）制订项目工作计划

确定活动的顺序和关键路径。在其他事情发生之前或之后必须发生什么？哪些事情可以并发完成？将项目分成更小的部分，并为每个部分以及整个项目建立基准。为目标设定最后期限并监控进度，以避免范围渐变。

工作计划还应包括预算。参与者的时间应该包括在预算中。没有人有无限的时间来做一个项目。把时间当作金钱，有助于评估目标和时间安排是否合理。

（9）制订数据管理计划

确定在研究阶段之后需要维护哪些项目材料，由谁维护，维护多长时间。项目数据可能包括源代码、正在处理的传入数据、运行软件的数据结果和分析。并不是所有的材料都必须保存或维护，但是对于项目中可能长期使用的部分，必须做些什么来确保其他人能够访问和使用这些材料。在项目开始时就开始计划数据管理，因为做出的选择将影响保留哪些数据以及如何管理数据。

（10）评估项目开发

定期评估实际项目工作是否与项目启动阶段的范围、时间、目标和预算相匹配。对必要的变化做出反应。在整个项目工作阶段重复此步骤。对任务渐变保持警惕。工作计划是预测。对于某些元素，可能没有正确的时间线。可能需要在某一方面花费比计划更长的时间，但仍然有一个固定的期限。弄清楚如何应对意外的障碍。

（11）文档项目工作

文档工作贯穿整个项目。大多数数字人文项目都有多人参与，因此会出现人员流动。如果没有文档，进入关键岗位的新人可能不得不从头开始。可能不得不拼凑过去，可能做出错误的假设；此外，重新创造和回溯也浪费时间。即使没有人员流动，也可能会离开几周去做其他的工作；一回来，就很难记得你做了什么、是怎么做的，即使是很短的时间。之后，撰写项目结果也需要好的文档，并且需要详细、完善的文档以供同行评审。把人文学科的内容和在领域中使用的最佳实践都记录下来。

（12）寻求评估和同行评审

在研究的开始，项目团队的成员应该讨论对他们的学术评估的要求和选择。赞助机构和组织的要求、团队成员的理想以及项目的目的，可能会影响决定何种形式和水平的评估是必要的。经过时间考验的同行评议方法对某些形式的数字人文学术仍然可行：例如，数据挖掘项目的数据和结果，可能在同行评议的期刊文章、论文集或学术出版社的专著中出现。对于其他学术产品，如网站、数据库和软件代码，人文学科的评估和同行评审结构可能没有那么固定。

（13）结果的传播

项目的最终结果可能是一篇文章、一本书、一系列博客文章、网站、源代码或输入和输出数据，或者是这些元素的组合，或者是完全不同的形式。根据最后的形式，传播和宣传的战略才能确定。

（14）执行项目关闭程序

花时间正式结束一个项目是至关重要的最后一步。关闭程序包括完成任何剩余的文档，以及执行数据管理计划。此外，项目收尾阶段是一个感谢每一个为项目做出贡献的人的机会。即使对于可能延续多年的大型研究计划，将计划概念化为一系列项目，每个项目都可以启动、完成和结束，这对于长期的成功很重要。

第十三章

图书馆参与数字人文教育

13.1 图书馆参与数字人文教育的必要性

“数字人文”一词描述了各种各样的学术活动。事实上，它是如此广泛，以至于越来越难以精确地使用这个术语。因此，从几个方向来思考数字人文是有帮助的：在线社交网络；文本挖掘 / 数据分析；数据可视化；数字映射；数字图书馆和存储库；数字出版；数字教育。

在或多或少的程度上，图书馆一直是这些数字人文子领域的关键合作伙伴。许多图书馆和图书馆员已经通过社交媒体积极地与各种学术团体进行接触。图书馆员与研究人员合作创建用于文本挖掘和数据分析项目的数字语料库。GIS 和数据管理员正在变得越来越普遍，一些图书馆甚至建立了专门的数字人文空间，让研究人员可以可视化地探索这些数据。数字图书馆和存储库已不再是什么新鲜事物，并且在不断发展，成为图书馆中令人兴奋的开放获取出版物的基础。

图书馆和图书馆员已经参与了日益流行的数字人文学科或数字人文教育。然而，这些努力并没有引起同等程度的兴趣。因为基于课程的项目不像大型展示项目那样华丽。缺乏关注也可能是由于对“数字教学法”实际指的是什么普遍缺乏确定性。就像“数字人文”本身一样，这个术语似乎可以适用于任何事物。此外，当图书馆的大部分教学环节都是教学生如何仔细浏览在线目录、课程页面和在线数据库时，我们的教学方法并无大的区别。

作为数字教学的这个维度，它在某种程度上是传统图书馆教学的延伸，但在另一方面，是一种全新的探索，更专注于实践，使教师和图书馆员进行非常密切的合作，并创造一个机会，使学生更多地参与到目录和数据库之外的一系列图书馆资源中。

“数字人文”时代的到来对于图书馆员能力以及图书馆服务、体验、空间等方面的发展带来了新的挑战，而这正是图书馆以“数字人文”为契机实现自身全面建设的良好机遇，图书馆应在这一背景下重新定位，设计数字人文时代的角色定位。关于图书馆在数字人文服务中的角色定位，蒋萌[1]、李如鹏[2]提出，图书馆应科学把握时代趋势和机遇，立足本土，面向现代，开放融合，包容发展，借数字人文之力，行自主创新之路，逐渐成为积极提供资源和优质服务的场所。朱娜[3]认为，图书馆在数字人文服务中的角色包括资源提供者、内容策展人、学科联络员、课程辅导员、咨询顾问与研究空间提供者。针对高校图书馆在数字人文服务中应该扮演什么角色的问题，汪莉[4]提出高校图书馆亟须回归数字人文价值理念，设计基于完整合作周期的项目管理计划，建立内外部要素均衡协调的数字生态系统。于亚秀等[5]分析美国加州大学洛杉矶分校图书馆开展的数字人文服务实践，指出图书馆不仅应作为数字资源的提供者，更应成为数字人文成果的创造者。

可见，数字人文背景下，图书馆作为面向社会的知识服务中心不仅发挥着知识普及、成果传播、研究支撑等作用，而且也在数字人文服务中扮演资源提供者、内容策展人、学科联络员等角色，随着图书馆数字人文服务的不断深入，图书馆逐步嵌入信息资源整合与共享、数字生态系统构建等，以更深层次的数字人文服务推动图书馆高质量发展，扮演丰富的数字人文角色。

长期以来，技术一直是高等教育的重要组成部分。数字教学经常出现在智能教室、学习管理系统和企业软件解决方案中。这些工具的价值在于它们能使一些日常任务变得更容易或更有效。然而，教师们也在讨论如何创造性地、批判性地将技术

---

[1] 蒋萌．新时代图书馆数字人文发展研究［J］．图书馆工作与研究，2019（4）：16–21+48.

[2] 李如鹏．数字人文下图书馆的角色［J］．图书馆理论与实践，2019（4）：10–14.

[3] 朱娜．数字人文的兴起及图书馆的角色［J］．图书馆，2016（12）：17–22+48.

[4] 汪莉．高校图书馆数字人文：跨学科合作的现实困境与对策研究［J］．新世纪图书馆，2018（12）：9–14.

[5] 于亚秀，李欣．美国高校图书馆的数字人文服务实践——以加州大学洛杉矶分校为例［J］．图书馆论坛，2018，38（9）：30–37.

融入教学，从而真正提高学生的参与度。教师们正在开发脱离在线文化的作业，拥抱多模式交流，并为学生创造机会，从不同角度探讨课程主题和材料。

大多数研究型图书馆员都从事某种形式的教学工作。最基本的包括向学生解释如何使用图书馆的各种系统，以及如何正确地引用他们找到的所需要资源。大学与研究图书馆协会（ACRL）在其《学术图书馆教学计划指南》中建议，教学是图书馆使命的核心，“应该与图书馆总体战略规划协调一致”。“信息素养”是图书馆教学的目标，将其定义为“识别信息需求，获取所需信息，评估、管理和应用信息以及理解信息使用的法律、社会和伦理方面的能力。”然而，谢丽尔·拉瓜迪亚（Cheryl LaGuardia）对这个词的使用提出了质疑。拉瓜迪亚认为学生们需要的不是信息技能，而是研究技能，所以她更喜欢“研究素养”这个词。拉瓜迪亚特别提到了寻找学术信息和评估其质量等研究技能。“研究素养”标志着图书馆不仅是信息的仓库，而且是研究过程中所有部分的连接点。

随着数字人文教学变得越来越普遍，图书馆员将会很好地扩展他们的教学概念，包括发现、评估和学习使用新工具来探索、共享、重用研究材料的能力。图书馆员已经在这个方向上迈出了一步，为 Zotero、EndNote 和 RefWorks 等引文管理工具提供了指导。尽管在某些方面有所创新，但这些工具反映了图书馆的传统关注点：收藏。然而，许多图书馆正在扩展他们的使命，超越收藏，拥抱他们作为校园知识空间的角色。图书管理员的技能储备中还需要增加新工具和新技能，包括执行数字地图和文本分析的工具和技能，以及建立多媒体网站和在线展览的工具和技能。

成为数字人文教学的积极伙伴显然是图书馆员研究专业领域的延伸。这样做还将鼓励更多地利用图书馆馆藏。在过去的几十年里，图书馆花费了大量资金购买数字馆藏，并将自己的模拟馆藏数字化。为了鼓励创造性地使用这些馆藏，图书馆员们一直提倡公平使用和开放获取，并在使数字馆藏更加灵活可用方面投入了大量的精力。接下来，图书馆员也将与教师和学生合作，充分利用工具，以促进这项工作。

数字人文最早是基于文本计算发展起来的，数字人文的出现从一定程度上使传统数字人文研究上升到一个新的高度，越来越多的语言学、历史学、社会学等传统的人文学科逐步与数字人文这一新兴概念相融合，并在近十年的发展过程中成为国内外学术研究的一个类型多样的研究领域。图书馆作为资源得天独厚的储藏地，与数字人文有着密不可分的联系，例如，图书馆所拥有资源为数字人文的发展提供相应的理论支持，图书馆实践活动也对数字人文的发展起到一定的积极作用。

对于图书馆而言，图书馆参与数字人文教育不仅可以对数字人文的发展起到积极作用，更能转变图书馆的服务方式，图书馆通过数字人文，分析数字人文研究热点，用户偏好等，使用一定的技术手段，创新服务理念，提升服务质量，为图书馆用户提供更为优质的服务，同时，数字人文主题多样性的特点，也使图书馆参与数字人文教育成为一种可能。

在现有的理论研究中，图书馆参与数字人文教育这一主题国内研究和国外研究还存在很大的差别，多以国外研究为主，国内则少之又少。最大的区别就在于国内有关图书馆参与数字人文的研究多以图书馆服务为主，仅从一个角度来论述图书馆参与数字人文，国外图书馆参与数字人文教育大多以高校图书馆案例为主，从高校图书馆延伸至数字人文教育，例如，美国普渡大学图书馆数字学术中心在探索数字学术图书馆的发展的过程中，把数字技术与图书馆相结合，实现学术与技术的融合来提升学校的教育水平，以图书馆员进课堂的方式把数字人文纳入教学[❶]；纽约州立大学弗雷多尼亚学院支持数字人文研究生教育，支持图书馆员参与研究生阶段的数字人文教育[❷]；美国堪萨斯大学 B．Rosenblum 等论述了学校在数字人文课程和数字人文学术上面如何取得突破性进步，并从不同方面分析图书馆员在数字人文发展中的职责等[❸]；加州大学欧文分校的 Y．Zhang 等论述了图情学科研究人员在数字人文的背景下所承担的新角色，以及图书馆作为服务机构在数字人文教学中发挥的作用，如何为教研活动提供相应的服务[❹]。另外，也有学者从微观层面阐述图书馆参与数字

❶ IUPUI. University Library Center for Digital Scholarship[EB/OL].[2018-03-15]. http：//www.ulib.iupui.edu/digitalscholar ship/digitalhumanities.

❷ SACCO K L，RICHMOND S S，PA R ME S，et al．Supporting digital humanities for knowledge acquisition in modern libraries［M］．Her- shey：IGI Global，2015：234-252.

❸ ROSENBLUM B，DEVLIN F，ALBIN T，et al．Collaboration and coteaching：librarians teaching digital humanities in the classroom［M］．Lawrence：Association of College & Research Libraries，2015：151-175.

❹ ZHANG Y，LIU S，MATHEWS E．New roles of library and informa- tion science professionals in the convergence of digital humanities and digital libraries：an exploration［C］//7th Shanghai international library forum．Shanghai：Shanghai Science and Technology Litera- ture Press，2014：1-24.

人文的必要性，例如，美国通识教育科技研究所创新工作室主任 Lisa Spiro 指出，数字人文研究致力于促进文化信息资源的广泛获取和管理、创新科研数据的处理和研究方法、促进学术沟通、加强学习和教学同时提升文化信息资源的公众影响力，而这些恰恰也是图书馆工作和发展的意义所在，目标的一致性决定了图书馆是数字人文的天然合作伙伴。[1]

综上所述，无论从实践的角度还是从理论的角度都能体现出在数字人文时代图书馆参与数字人文的强烈意愿与必要性，同样，也从一定程度上促进了数字人文的发展。为此，图书馆应该如何抓住时机，以什么样的方式、角色参与数字人文教育，是一个值得探讨的问题。

---

❶ Spiro L.Why Digital Humanities[EB/OL].[2014-10-01].http：//digitalscholarship.files.wordpress.com/2011/10/dhglca-5.pdf.

13.2　图书馆参与数字人文教育中能做什么

目前，数字人文在新文科的发展形势下扮演着不可替代的作用，图书馆参与数字人文教育也是目前数字人文相关学者所关注的一个重点方向，在此，图书馆作为实现数字人文教育的重要场所如何发挥作用？如何扮演好角色？以什么样的方式参与到数字人文教育？都还处于值得探索的阶段。值得注意的是，数字人文的跨学科合作、技术支持等特点，注定图书馆要参与数字人文教育中。数字人文的发展需要各学科相互合作，共同努力。在这种情况下，我们对于图书馆参与数字人文教育不能仅仅局限于数字人文发展特点，也要明确图书馆参与其中的作用、角色、方式，并根据图书馆自身服务性的特点结合数字人文发展，协助数字人文教育。

（1）实现资源优化配置

在数字人文教育的背景下，图书馆的资源和服务依然是图书馆的两大核心优势。在这种情况下，图书馆要利用拥有大量资源的优势，不断发展和巩固自身地位，合理利用资源和服务两大核心优势为数字人文学者提供最为优质的服务。图书馆作为重要的馆藏地，拥有大量的纸质资源和数字资源，数字人文学者主要的研究对象就是依托于图书馆所拥有的资源。图书馆应该在拥有大量资源的基础上挖掘出数字人文学者需要的人文资源，促进数字人文发展。

数字人文学者在进行图书借阅、阅览中不可避免地会出现错拿错放等现象，这就给下一位使用该资源的数字人文学者带来查找困难，数字人文学者在进行数字人文研究时需要查阅大量的人文资源和数字资源，如果经常出现这样的困难极易带来麻烦，为此，这就要求图书馆发挥自身作用，使数字人文学者方便检索资源，促进数字人文教育发展。例如，上海图书馆对智能书架进行了研究探索，通过电子显示屏滚动信息提示找书的具体位置；通过书架内置的无线射频读写天线和藏书中的智能芯片，可实现读者快速寻找书籍，也能实时对每本图书的位置进行定位，对未摆放正确的书籍进行追踪，对图书使用情况进行统计[1]，这样不仅能有效帮助图书馆资源归类，更能帮助数字人文学者查找到所需要的资源。由于图书馆内资源分布分散、类型多，在这种情况下，图书馆可以发挥其资源优化配置的作用，让人文资源和数字资源在不同情况下都能方便数字人文学者使用。

（2）多样化和个性化服务

数字人文是依托丰富的人文资源和数字资源发展的，同样，图书馆服务是围绕用户展开的，丰富且复杂的图书馆资源给数字人文学者带来不少麻烦，传统的图书馆服务方式早已经对于数字人文学者来说无法满足参与数字人文教育的需求，在图书馆参与数字人文教育中，图书馆所提供的多样化和个性化服务是未来图书馆发展的趋势，也正好契合数字人文的发展。图书馆的多样化和个性化服务能够满足数字人文学者对于人文资源和数字资源在不同阶段的需求，而且已经有大学图书馆研发个性化服务系统，例如，美国高校所研发的计算机全自动个性化信息服务系统（Mylibrary），能够根据用户的不同需求为用户提供个性化服务。对于数字人文学者来讲能够借助类似图书馆 Mylibrary 系统智能查找资源，促进数字人文教育发展。

值得注意的是，目前图书馆所提供的多样化和个性化服务的特点主要以数字化、中心化、差异化、集成化为主，这些特点不仅适用于图书馆用户，对于数字人文学者来讲更能从特点中感受到利好。数字化是以技术为主导，为数字人文学者提供海量的数字化资源供其参考；中心化换句话来讲就是以用户为中心，围绕数字人文学者来提供多样化和个性化服务，方便查找资源；差异化更是对多样化和个性化的一种体现，对于不同学者不同需求来完成差异对比进行个性化推荐，完成针对性服务；

[1] 郭亚军，张瀚文，卢星宇，等 .AI 赋能图书馆：研究热点、问题与展望［J］. 图书馆学研究，2020（6）：2-8+38.

集成化是集人文资源和数字资源为一体，整合数字人文学者所需资源。图书馆的多样化和个性化服务使传统图书馆服务方式发生改变，使图书馆最大化参与到数字人文教育中，为数字人文学者提供服务。

（3）教学培训和人才培养

数字人文是将新兴技术方法运用到传统人文学科研究中的新型学科，是“数字”与“人文”的双向联动。“数字人文”的产生使新技术发展与人文学科研究范式相互作用，相互促进[1]。数字人文的出现使得传统的人文学科不再是单纯的依赖于学科知识，更多的是与新兴技术相对接完成学科与技术的融合，这种传统人文学科与技术的融合冲破以往数字人文的研究范式，给人文学科带来新的发展。数字人文并不像语言学、历史学、社会学或者说其他的一些理工学科一样有支撑教学的实验室和教学团队，数字人文属于新兴产物，在数字人文教育方面师资力量和人才队伍体系薄弱。

图书馆作为资源储藏地和固有的教育职能，可以利用本身的资源和数字化工具开展课程体系教育、人才培养等培养数字人文教育人才，同时图书馆与教师体系结合、图书馆支持教学是国外高校图书馆发展数字人文教育的切入点。康奈尔大学图书馆、匹茨堡大学[2]图书馆都设有专门的数字人文馆员，以便参与到数字人文教育中，其他美国高校图书馆也会邀请图书馆馆员进课堂交流，也会设置相关数字人文课程来对馆员、学校教师进行定期培训。这样不仅能够很好地使图书馆参与到数字人文教育中，也能使学校老师通过图书馆完成学术任务。因此，在此基础上，图书馆应该积极了解数字人文学者需求，让数字人文学者和学校教师、学生了解图书馆所开展的数字人文相关课程、培训等，让图书馆成为数字人文教育中的重要部分。

（4）数字技术支持

数字技术与人文学科的结合改变了语言学、历史学、社会学等传统人文学科的研究过程和方式，越来越多的人文学科学者表达出对于数字技术的需求，拥有数字

---

[1] 郭英剑．数字人文：概念、历史、现状及其在文学研究中的应用［J］．江海学刊，2018（3）：190-197+239.

[2] UNIVERSITY OF PITTSBURGH LIBRARY. Digital scholarship service［EB/OL］.［2017－06－26］. http://www.library.pitt.edu/digital-scholarship-services.

技术对于数字人文学者来说，对研究任务、学术成果等都有极大的裨益。换句话来说，包括数字人文学者在内的人文学者，都希望自己能掌握数字技术提升科研能力。图书馆开设数字人文课程、参与数字人文教育离不开数字技术的支持。图书馆是开展数字人文教育的主要场所，这就需要提供掌握数字人文技术的馆员来参与数字人文教育，以斯坦福大学为例，学校图书馆配备专门学科技术专家，就是为各个学科提供学术研究所需要的技术支持，技术专家拥有计算机编码能力、数据工具的使用能力，并且会定期对学者进行培训，以提升技能。值得关注的是，斯坦福大学图书馆为更好地参与数字人文教育，为学者提供服务设置有专门的数据软件支持小组，为学者保存分析数据，培训学者使用数据分析软件，例如 SPASS、Stata、程序语言等，完善技能培养。此外，斯坦福大学图书馆还支持馆员参与学校教师的学术研究，协同发展数字人文教育。图书馆要利用好新技术带来的契机，向学者提供可视化技术、数据分析、图像识别等利于学者开展研究的先进技术，完善服务模式，发挥图书馆在数字人文教育中不可或缺的作用。

（5）促进跨学科学术共同体形成

与传统的人文学科不同，数字人文本身就是一个跨学科产生的领域，拥有庞大的资源和数据，而且以更加智能的手段改变了人文学科的研究方法、思维方式。在这种情况下，数字人文教育的发展就需要多学科参与，相互促进形成数字人文教育跨学科学术共同体。

图书馆作为服务性机构，“数字人文”并不是说图书馆提供的一项服务被称作“数字人文”，而是说让图书馆馆员参与到数字人文项目中，例如，参与数字人文课程开发、提供技术支持等，为数字人文教育带来更好的效果。尽管图书馆没有数字人文这一项服务，但是从数字人文的角度来说，数字人文是一个跨学科的领域，图书馆可以基于自己不同背景不同学科的用户，参与到数字人文教育中。在拥有庞大资源和数据的支持下，图书馆可以为数字人文项目提供建议，为教育培训和人才培养出谋划策，并在人文学者在项目研究的问题中交流技术问题，协同合作，积极参与确保在数字人文教育中发挥作用。需要指出的是，在跨学科学术共同体中，图书馆和不同学科的学者分别承担不同的角色，彼此之间没有附属关系。

13.3　图书馆参与数字人文教育的模式

基于人文学科的数字人文教育，是一个各学科共同参与各学科交叉融合的开放领域，尽管数字技术仍然在数字人文发展中占有主要的部分，但是图书馆凭借其本身的资源和服务两大核心优势，也在为数字人文教育提供支持，尝试多种教育模式和方法，试图参与到数字人文教育中，支持数字人文教育的相关研究。在此，根据图书馆参与数字人文教育的特征，我们提出三种图书馆参与数字人文的模式：

（1）馆员协同参与模式

图书馆参与数字人文教育的过程，也是图书馆馆员和数字人文学者之间相互对话的一种互动形式。为此，馆员协同参与也是图书馆参与数字人文教育的一种方式。尽管数字人文教育的主要参与者是人文学者，数字人文的发展也离不开人文学者的支持，然而图书馆馆员在其中也扮演着重要的角色。图书馆往往会通过开发数字人文项目和数字人文有关课程参与数字人文教育中，并且图书馆馆员在其中起到协同作用。基于馆员协同参与数字人文教育的有效性，图书馆馆员应该积极与数字人文学者对话，了解数字人文学者在研究中的资源需求、信息需求，参与数字人文项目开发、数字人文课堂教学、为相关学者提供培训、同数字人文学者开展学术交流，为数字人文学者提供一定程度的研究支持。图书馆员拥有的数字人文技能决定了馆员能够成为数字人文教育的参与者，通过数字人文技能为数字人文学者提供服务。因此，在这个过程中馆员协同参与模式可以作为数字人文教育研究中的一种方式。

通过馆员的参与加强图书馆和数字人文学者的沟通和合作，有效了解需求，提供研究支持，推动图书馆与数字人文教育的融合。

（2）公共平台参与模式

图书馆要全面参与数字人文教育，覆盖数字人文学者科研用户，有效为数字人文教育提供研究支持，必须要利用好数字人文公共平台，扮演好枢纽的角色，利用图书馆本身资源优势、空间优势、馆藏优势、服务优势组织数字人文资源。

以集约化的方式了解用户对资源、信息的需求，为科研人员、教师、数字人文教育参与者提供深层次的服务。参与数字人文教育的平台不是简单的网页形式仅供科研人员从中提取所需要的数字资源等，而是建立在以用户为中心的基础上，利用智能技术进行用户交互，以学科的方式区分组织资源，并提供解决问题的方案。平台依托图书馆自身资源和馆员优势，在交互平台提供信息采集、学术交流、数据分析等服务。例如，美国哈佛大学图书馆依靠其强大的资金，搭建了数字实验室专门学术平台，在学术平台中引入档案和特藏类请求工具、自动提取主标题等57个数字人文科研小组和项目，这些项目负责人来自图书馆和学校各个院系，项目向数字人文兴趣者开放，为其提供实践和学习的机会[1]。公共平台参与模式能够优化组织各种人文资源和数字资源，向科研人员、教师等学习者提供智能化和多样化选择，恰好解决了数字人文学者对资源的无限需求与资源供给针对性不足的矛盾，迎合当下数字人文教育发展的需要，是未来图书馆参与数字人文教育的发展模式。

（3）优势资源参与模式

资源和服务作为图书馆参与数字人文教育的两大核心优势，也是参与数字人文研究的基础。图书馆可以针对科研人员、教师、馆员等数字人文学者的资源需求和信息需求，对图书馆自身所拥有的资源进行优化组织、归类整合。在此基础上，图书馆搭建一体化资源提供平台，为用户提供资源共享、数据的发现和保存等一站式服务。在图书馆中，除了数字人文学者所需要的人文资源和数字资源外，图书馆中的馆员、技术人员等人力资源也发挥着重要的作用。人文学者在进行数字人文项目研究时，不可避免的会产生对数据的分析、数据获取以及数字人文工具的需求。鉴于此，图书馆馆

---

[1] Harvard Library Lab. Featured Projects[EB/OL].[2018-03-15]. https：//osc.hul.harvard.edu/liblab/.

员以及馆内技术人员可以满足人文学者需要，提升用户服务的服务质量，图书馆馆员和技术人员通过学术交流、研讨会、讲座等形式对人文学者进行专场培训，通过不同的形式将相应工具的使用方式传授给人文学者，从而帮助他们及时获取所需要的资源。图书馆通过这样的形式参与数字人文教育，以资源的整合者、发现者的角色参与到数字人文教育中，成为数字人文教育中必不可少的重要部分。

13.4 图书馆参与数字人文教育策略

在图书馆参与数字人文教育方面，我国还处于初级阶段，与欧美高校图书馆相比存在着一定的差距，欧美高校图书馆设置有数字人文中心，并配备有数字人文馆员负责数字人文教育，为人文学者开展数字人文研究提供设施保障。

基于此，启发我国图书馆在开展数字人文教育时可完善数字人文教育基础设施、培养跨学科数字人文教学团队、设置数字人文相关课程为图书馆参与数字人文教育提供建议和相关支持。

13.4.1 完善数字人文教育基础设施

基础设施对数字人文教育有着很大的影响，“数字工具与世界史研究”的课程指出，数字人文基础设施不完善，从而影响数字人文的教学基础环境[1]。美国大多数高校所成立的数字人文中心，大多数在图书馆内，这样设置的好处在于能够方便图书馆直接为数字人文学者提供研究支持，馆员能够参与到数字人文教育项目，不断增加知识储备和教学经验为后期数字人文教育打下基础，促进数字人文教育发展。目前，我国高校图书馆应该主动向欧美国家开展数字人文中心的图书馆借鉴经验，意识到在高校图书馆建立数字人文中心完善基础设施的必要性，尝试在高校图书馆建立数字人文中心，为数字人文学者提供基础设施保障。

---

[1] 王涛. 数字人文的本科教育实践：总结与反思［J］. 图书馆论坛，2018（6）：37-41.

13.4.2 培养跨学科数字人文教学团队

数字人文与其他学科有着密切的联系，是一个多学科合作的领域，涉及多个学科多个方向，数字人文教育课程的开展需要多个学科团队和技术人员支持，所以积极构建基于各学科合作的教学团队是数字人文教育发展的重要方向。有效开展数字人文教育需要开设多门必修课与选修课，这些课程以理论课和技术课为主，这就需要各学科联动合作，共同发展。值得注意的是，图书馆作为提供资源和服务的场所，可以组织各学科有关数字人文有关的学术讲座、研讨会等，致力于为数字人文打造跨学科的课程体系，促进各学科学者沟通交流，将各学科学者组织起来实现深层次的学科交叉，领用馆内数字工具和掌握技术的馆员对各学科学者进行定期培训，提高数字人文跨学科教学能力。

13.4.3 设置数字人文相关课程

图书馆在数字人文教育中强调自身课程模块，关注数字人文相关的热点话题，可以帮助数字人文学者了解最新的学术动态，同时，强调数字人文教育在未来从事不同工作的作用。在技术和数字人文教育相关研究日渐成熟的情况下，欧美高校图书馆会实时对数字人文教育相关课程进行调整，组织有关图书馆馆员参与数字人文课程体系开发，增加新课程，课程内容也会随着发展需要做出改变。我国高校图书馆应该积极参与到数字人文教育课程的开发中，增设相关数字人文课程，馆员协助教学，为以后学生从事数字人文相关职业做好准备。数字人文也是一门实践的课程，图书馆在设置数字人文课程时应该注重实践，增设实践项目类课程，充分利用馆内资源，培养学生参与实践的能力，发挥图书馆在课程教学中的能力。

13.4.4 关注图书馆数字人文的角色和功能

数字人文是计算与人文学科之间的交叉领域进行学习、研究、发明以及创新的一门学科，与国外相比，国内的数字人文理论和应用研究还处于探索阶段。随着图书馆数字人文研究的不断深入，其角色和功能将会更加精准化、系统化。在数字人文背景下，图书馆和数字人文的联系紧密，主要体现在：知识产权信息服务、文献检索、参考咨询、读者培训、学科服务等均与数字人文密切相关。可见，数字人文的兴起拓展了图书馆的服务范围，推动传统图书馆走向创新，未来传统图书馆将建设有关数字人文的专题数据库、拓展文本挖掘、数据指南、信息咨询、教育培训等方面的研究，值得注意的是，数字人文教育引起较多学者关注。由于传统图书馆的服务范围拓展以及建设与服务的转型，国内图书馆数字人文学者仍需关注国外图书馆数字人文发展，例如，图书馆数字人文岗位设置、数字人文中心建设、图书馆与数字人文中心的关系等情况，特别是依托于图书馆所建立的数字人文中心的建设条件、组织架构、众包项目等，同时要重视馆员制度研究，明确图书馆数字人文馆员的角色定位和岗位职责、建立激励与评价制度调动馆员积极性、合理安排馆内人员配置提高服务质量等，继续关注图书馆数字人文角色和功能的同时，从技术应用和数据基础的角度出发，明白图书馆学是数字人文的基础学科，也是数字人文成果的主要应用学科之一[1]，注重专深化、精准化研究[2]。

13.4.5 重视本土化图书馆数字人文技术和工具的开发应用

当前，国内图书馆数字人文研究还处于探索阶段，我国有关图书馆数字人文研究实践多借鉴国外数字人文实践经验和成果，最终目的是推动数字人文本土化发展，建设具有国内特色的数字人文技术和工具。目前，国内图书馆开展数字人文教育学科融合难度大，开发相应的数字人文工具时应立足一定的人文资源基础，只有结合用户实际需求和使用预期，才能构建本土化图书馆数字人文技术和工具。一方面，图书馆可构建基于历史、文化、地域、年代等多方向的数字人文工具；另一方面，可根据姓氏、民族等不同方面的属性特征，构建具有民族特色、氏族特色并且能够突出我国时代特征和社会发展脉络的数字人文工具，实现数字人文工具和技术的本土化。例如，与数字人文研究相对成熟的北京大学、武汉大学、中国科学院文献中心等高校以及科研院所合作，学习数字人文新技术，掌握系统开发方法，适时开展数字人文教育培训，解决数字人文技术和工具开发应用中的重点难点，促进优秀科研成果产出，推动图书馆数字人文教育水平的稳步发展。

---

[1] 柯平，宫平．数字人文研究演化路径与热点领域分析［J］．中国图书馆学报，2016，42（6）：13-30.

[2] 吴丽萍．我国图书馆数字人文研究现状及展望［J］．图书馆工作与研究，2021（6）：30-36.

13.5　斯坦福大学图书馆参与数字人文教育案例

斯坦福大学开展数字人文教育形式多样，比如在课程设置上就有数字人文联合专业、数字人文辅修专业、数字人文证书课程等形式，除了形式多样的数字人文教育课程外，还有丰富的项目实践经验，这些在学校提高教学质量、方便学生学习方面产生了极大的便利，但是学科交叉带来的跨学科项目实践需要数字人文专业人员提供技术支持，这些困难和挑战为图书馆参与数字人文教育带来了良好的契机。斯坦福大学作为一所世界一流名校拥有丰富的资源和专业的团队，在数字工具使用、数字资源管理等方面有着得天独厚的优势，可以为数字人文教育提供专业团队确保技术优势。斯坦福大学依托图书馆馆员参与数字人文课程教学、在图书馆建设跨学科中心、专业团队人员提供技术保障等方式参与数字人文课程教育，极大地促进了数字人文教育发展。

13.5.1 馆员参与教学

在馆员参与教学的过程中图书馆馆员承担起教学与科研的任务，由图书馆馆员担任课程讲师，讲授中世纪手稿数学方法论、数字人文跨越边界等课程。这些课程涉及数字人文研究方法和工具的使用，为以后学生在进行数字人文学习时提供方法、技术等条件保障，其中“数字人文跨越边界”课程教学老师在为学生授课时就讲授了数字化技术的使用，比如 R 语言、Gephi 等编程语言和研究工具，发挥了馆员特有的专业技能优势。另外，图书馆还对数字人文相关的文献学习资源进行整理，提供相应的课程指南，方便学生检索及使用，有利于学生拓展知识、开阔视野。斯坦福大学还提供编程语言的培训学习、数字化工具使用等数字人文相关的线下短期培训及研讨会，为数字人文教育提供课程支持。

13.5.2 设立研究中心

斯坦福大学数字人文课程教育与项目实践是密不可分的，图书馆建设的研究中心成功地为数字人文研究人员交流以及数字人文项目合作提供了一个机会平台，有效地为数字人文教育助力。帕位第奥（Palladio）项目[1]和有关空间历史的亲缘英国（Kindred Britain）项目[2]是斯坦福大学图书馆跨学科研究中心与空间和文本分析中心共同参与并合作完成的人文与设计项目，为数字人文项目实践提供了有力的服务支撑。同时，跨学科数字人文研究中心的建立，也为各学科参与数字人文研究提供了空间支持，图书馆跨学科研究中心提供数字人文交流平台，与此同时跨学科研究中心还在馆内定期开展数字人文工具培训课程及研讨会，培训内容包括 Python、R 语言等编程语言学习和 Stata、orange 等相关软件操作，当然也包括可视化、文本分析、Refworks 等文献管理工具的使用等方面。在数字人文课程和研讨会开始前，斯坦福大学图书馆会提前告知会议名称、时间、地点等信息，方便数字人文研究人员合理安排时间前往图书馆学习。跨学科研究中心成为不同学科之间互相交流的纽带，加强了各学科之间的联系，协调了学科之间的沟通合作，推进了学科交叉融合。

13.5.3 提供技术支持

在开展数字人文课程以及进行数字人文项目实践时离不开掌握数字化技术的专业人员，他们能够在此过程中提供技术支持。斯坦福大学图书馆有能力为数字人文课程开展以及项目实践提供技术支持。跨学科研究中心提供技术支持的团队成员有着深厚的学科背景以及卓越的技术能力，能够在研究人员和项目实践需要时及时提供对应的技术支持，团队成员不仅参与课程教学，而且还参与数字人文项目实践。此外，技术

---

[1] Palladio[EB/OL].[2021-09-23].https：llibrary.stanford.edu/projects/palladio.

[2] Kindred Britain[EB/OL].[2021-09-23].https：llibrary.stanford.edu/projects/kindred-britain.

组人员还为科研人员提供数据获取、数据保存等服务。团队成员还提供数据分析、可视化分析等，有时候团队成员还会与学校教师开展数字人文相关的合作研究。馆内的数据存储库还为学校的师生与科研人员提供数据保存与共享，例如音频、视频等，并且在获取数据时需要严格的身份验证和安全访问控制保证安全性。

数字人文是数字技术与人文学科相结合的新领域，也是学科交叉发展的新方向，对人文学科的发展以及文化传承有着深远的影响，对于图书馆而言，数字人文教育的提出，使图书馆馆藏资源得到有效利用，文化传播的作用得到有效发挥。图书馆参与数字人文教育为数字人文的发展积累了一定的师资力量和教学经验，还为我国探索数字人文教育模式提供了实践基础。但是，从总体上来说我国的数字人文领域研究起步较晚且研究不够深入，在数字人文课程教育方面几乎未涉及，仅有南京大学历史学院开展的“数字工具与世界史研究”课程和北京大学推出的数字人文相关的选修课，在这种情况下，我们还需要取其精华积极借鉴欧美高校图书馆在数字人文教育中的有益经验，充分发挥我国大学图书馆在资源、资金、技术方面的优势，积极推动我国大学图书馆开发数字人文教育课程、增设数字人文教育项目等，促进数字人文教育的快速发展，助力新文科建设。

第十四章

数字人文背景下图书馆知识服务

14.1 数字人文背景下人文学科“新特征”

大数据技术和互联网技术的深入发展带动图书馆和数字化、信息化技术融合，“数字图书馆”成为新的名词，多元化的发展趋势是图书馆数字人文环境的全新模式。数字人文与图书馆的融合发展，也为图书馆在数字人文背景下的知识服务模式转型和图书馆未来发展带来新的机遇。图书馆作为面向公众的知识服务性机构，面对数字人文环境带来的机遇和挑战要与时俱进地迎合发展。本章立足数字人文环境变革为图书馆带来的机遇，分析数字人文背景下人文学科“新特征”以及数字人文背景下图书馆知识服务转型驱动要素等，并为图书馆知识服务转型提出一定的建议，以供学者借鉴。

14.1.1 数字化

纵观传统的人文学科基本特征，皆以原始资料和理论基础为主来进行知识探索和创新，且基于传统的人文学科特征开展研究要付出大量的人力、物力，花费大量的时间对所获取的资源和信息进行组织、分类、分析、归纳等一系列操作。展望数字人文的发展趋势，在人文社科领域的研究还存在许多无人涉足的空白。

“数字人文”的发展使数字传统的人文学科特征发生了新的变化，同时也解决了数字人文研究上的一些难题。“数字人文”本身就是建立在大数据技术和互联网技术上的产物，以“数字图书馆”为背景，以图书馆资源为对象，通过数字技术的方式把图书馆内资源进行图像化分析、数字化表示，利用智能技术处理馆内数字信息。

数字化作为“数字人文”的基本工作，也是数字人文背景下人文学科的“新特征”之一，为人文学科的新发展奠定了基础。

14.1.2 新的研究方法和研究范式

由于数字人文背景下，人文社科领域的研究方法和研究范式已经向数字化的方式转变，因此传统的图书馆服务模式也逐渐向智能化、多样化方向转变。通过人工的方法来进行阅读资料的搜集是传统人文学科研究的主要方式，通过对人工搜集过来的资料进行挖掘、分析，得到研究结论。

基于“数字人文”的智能化服务方式是在研究对象已经被数字化的基础上，利用计算机等技术手段对已经数字化了的文本进行多角度的分析、统计、分类、比对，通过分析文本数据，抽取文本信息，发现知识元，创新性地发现蕴涵于文本之中的模式、模型、规则、趋势，解决传统研究方法无法解决的问题[1]。

研究方法的智能化和研究范式的多样化提升了人文学科领域的研究效率，拓展人文社科学术领域的研究空间，为数字人文的研究提供了新的研究方法和研究范式。

14.1.3 跨学科

学科交叉发展在传统的人文学科研究中是不常见的，传统的人文学科特征是基于语言学、社会学、历史学等基本的人文学科，几乎不涉及计算机、数学等理科类学科，发展较为局限，即使在某一项研究中利用了人文学科外的其他学科也是非常少见的，近年来跨学科的发展、文理的交融成为人文学科研究新的特征。

“数字人文”是一个文理交叉领域，研究项目和研究团队既包括传统人文领域的研究者，还有计算机技术的专家学者。只有在他们的合作下，数字仓储、文本挖掘、多媒体出版、数字图书馆、信息可视化、虚拟现实、信息系统等多种信息技术才能

---

[1] 郭金龙，许鑫．数字人文中的文本挖掘研究［J］．大学图书馆学报，2012（3）：11-18.

够在人文领域得到深入应用[1]，因此，在数字人文背景下，各学科是交叉融合，合作发展的。

数字人文的发展给人文学科研究带来新的研究方法和范式，也给学科协作、交叉融合带来新的机遇。

[1] 王晓光．“数字人文”学科的产生、发展与前沿 [EB/OL]//[2011-11-24].http：//blog.sciencenet.cn/home.php mod=space&uid=67855&do=blog&id=275758.

14.2　数字人文环境对图书馆知识服务的推动

图书馆知识服务是指咨询馆员依托馆藏文献资源，充分利用自身的专业知识与技能，借助技术与设备组织、开发、集成、应用知识，并通过某一咨询方式向用户提供知识增值服务，帮助用户解决问题，并融入用户解决问题的全过程。其具有个性化、专业化、交互性等特征。[❶] 传统的图书馆知识服务以馆员提供人工知识服务为主，付出人力和时间较多且效果不佳。数字人文的发展，图书馆知识服务模式逐渐发生改变，逐渐从人工知识服务向数字化知识服务过渡，服务质量提升与服务理念的创新，从多方面推动数字人文背景下图书馆知识服务的转型。

14.2.1 图书馆知识服务创新

数字人文是大数据技术和互联网技术在人文学科领域的渗透和介入，实现了人文学科领域的研究方法和范式的转变，对于大部分人文社科领域的学者来言，图书馆知识服务创新改变了以往搜集信息获取资源的途径，工作效率得到明显的提升，这为数字人文的进一步发展创造了有利条件。在数字人文背景下，数字化技术已经与图书馆交叉融合，传统图书馆已经向“数字图书馆”的方向转变，馆内的数字化知识服务已经渗透到各个工作环节，单一化的图书馆知识服务已经逐渐被取代。尽

❶ 梁爽，卢章平，刘桂锋，等. 面向大学生创新团队创新过程的图书馆知识服务研究［J］. 大学图书馆学报，2018（5）：87-92，86.

管这样，数字人文背景下的图书馆知识服务创新仍然需要基于基本理论、基于学科交叉展开研究。因此，数字人文与图书馆的融合发展，让图书馆的服务模式找到了新的切入点，促进了图书馆知识服务模式的创新。

14.2.2 图书馆的资源结构优化调整

（1）馆藏资源优化整合

纸质资源和数字资源是图书馆馆藏资源的两种主要形式，例如，报纸、期刊和纸质图书以及相关的数字资源。其中，纸质资源在图书馆馆藏资源中占有主要的部分，数字资源与纸质资源相比存在着数量上的不足。在数字人文背景下，学者对于资源的需求呈多样化，对资源需求种类较多，图书馆在补充图书馆馆藏资源时，应该平衡纸质资源和数字资源的数量，加大数字化技术的投入，满足学者需求。同时，要加强馆内数据库的建设，重视数字化资源的发展。此外，随着数字化技术在图书馆中的渗入，馆内工作人员可以利用数字化技术对馆内资源进行较好的处理。例如，利用网络技术中相对性的独立关系进行新的融合、分析和整理，从而改善图书馆资源管理的复杂性和庞杂性，有效地整理出图书中较为重要的信息资源。[1]

（2）信息检索方式升级

信息检索在图书馆中发挥着重要的作用，最大的价值在于能够在馆内实现信息共享，提高检索效率，快速为学者找到所需要的资源。随着数字化技术在图书馆的普及“数字图书馆”的逐渐成型，检索方式也由以往的手工检索转换成网络检索的方式。学者可以利用数字检索方式在检索系统中输入关键检索词在馆内资源中查询到需要的信息资源。检索方式的升级可以快速找到相应馆藏资源的位置，提高检索效率、工作效率。

14.2.3 馆藏资源利用的新渠道

数字人文进一步改变了图书馆的知识服务模式和服务理念，使图书馆实现真正的“为人所用”，当然，图书馆作为一个服务性机构如何满足学者对于资源的需求、

[1] 高远．计算机网络技术在图书馆馆藏资源优化中的应用［J］．信息记录材料，2019，20（5）：102-103.

如何增强图书馆知识服务的质量，是影响图书馆发挥本身有效性的重要因素。值得注意的是，在目前不仅公共图书馆、高校图书馆致力于图书馆知识服务的改变，在数字人文背景下小众图书馆也开始寻求数字人文背景下图书馆知识服务模式的新发展。此时，数字化技术和大数据技术就在其中发挥出重要的作用，利用大数据技术对馆内资源进行整合，形成以用户需求为中心的模式，发现用户的个性化需求，依据用户需求开展个性化定制、用户咨询等服务，促进资源能够满足不同用户的需求，让数字人文背景下图书馆的知识服务成为馆藏资源利用的新渠道。

14.2.4 知识挖掘

知识挖掘是知识服务的首要任务，也是当代“数字人文”的最基本内容。其结合数据挖掘技术（data mining），在纷杂、无绪、随机的数据中提取并整合事先不知道但潜在的有用信息。知识挖掘主要集中于Web挖掘和文本挖掘，而图书馆的知识挖掘主要是基于文本挖掘。图书馆根据用户研究内容的需求，对积累的信息进行分析，通过对文献定向和定量的增值处理，发现隐含在文献中的知识，揭示蕴含于其中的规律、模型、模式、观念和文化精神。文本挖掘实质上就是一个发现知识的过程，这个过程包括文本数据分析、文本信息抽取、文本知识发现等环节。这里的知识包括各种模式、模型、规则、趋势观念与文化精神等。文本挖掘技术包括预处理、模式挖掘、模式评价等多个步骤，以及文本结构分析、文本摘要、文本分类、文本聚类、关联规则、分布分析与趋势预测、可视化技术等一系列文本处理与数据挖掘技术。知识挖掘方法的综合运用，为图书馆的知识服务提供了新颖高效的技术手段，为知识服务奠定了全新的文本基础和技术支持。[1]

14.2.5 知识组织

有关图书馆的知识组织，经历过文献单元和信息单元后，也早已形成了图书馆自有的知识体系，但就知识单元而讲图书馆的知识体系还存在着不足。在“数字人文”背景下，数字技术的发展，使得馆内资源以及馆内文献信息在数字化技术下得

[1] 张诗博．“数字人文”背景下的图书馆知识服务［J］．晋图学刊，2013（5）：40-42+53.

到有效利用，相关学者和研究人员可以利用数字化技术对已经提取的有效信息进行智能化、数字化、可视化处理，通过分析、选择、处理、细化等信息组织的方法，挖掘其本身有意义的单元，并单独把这些有意义的知识单元组织起来形成特有的知识体系，以供给有需要的人提供方便。在这种情况下，知识单元已经不再是简单的文献种类与信息数量，而是超越了文献单元和信息单元的新型知识组织，它是对关联知识进行独立、自由、有效识别的处理与组织，它的基本单位是进入学科深层面的知识元。[1] 把知识组织融入知识服务中和学科过程中，是数字人文背景下图书馆知识服务的新发展。

---

[1] 文庭孝．知识单元的演变及其评价研究［J］．图书情报工作，2007（10）：72-76.

14.3　数字人文背景下图书馆知识服务转型的原因

14.3.1 数字化技术的发展

在如今信息技术时代，互联网时代迅速发展，与数字技术相关的各个领域的发展程度都已经超越了许多人的想象。对于资源丰富且以服务为主的图书馆而言，以数字化技术为基础，依托于大数据技术，图书馆的知识服务品质也得到显著提升。数字化技术下的“数字图书馆”通过计算机技术可以有效促进馆内馆藏资源的日常管理，提升服务质量，而且在图书馆中可以有效利用数字化技术来对馆内资源进行有效提炼，创新数字人文背景下图书馆服务模式和服务理念，为学者提供一站式的知识服务，例如，通过在馆内引入数字化技术、大数据技术等到图书馆知识服务中，可以根据学者所研究的学科、所涉及的学科知识以及学者所从事的职业等为学者提供一对一针对性的知识服务模式，使图书馆由被动服务转向主动服务，并通过这种方式来增强用户与图书馆的交互性、融合性，增强体验感，提升用户满意度。

14.3.2 用户需求的转变

图书馆的用户按照其本身的需求可以分为两类，一类是普通读者用户；另一类是以科学研究为目的的学者。图书馆的用途对于普通用户来说是一种资源的提供，普通用户通过获取图书馆的资源满足学习、工作等日常需求；而对于研究型的学者来说，通过图书馆获取资源，能够为研究项目提供帮助，推动研究进度的发展。在数字人文背景下，普通读者用户和以研究为目的的学者对于图书馆的资源需求都发生了转变，例如，一方面对于普通学者来说手持移动终端的发展以及信息素养的提高，图书馆以往的咨询服务、资源检索服务、文献知识服务等已经不能满足当前普通读者用户的需求，相比之下个性化、针对性、数字化的便捷服务成为当前普通读者用户更倾向的新方向；另一方面对于研究型学者来讲以往的图书馆服务对研究的推进方面费时费力，一些低技术含量的服务浪费研究人员的大量精力，因此，研究型学者迫切需要图书馆通过数字技术对研究所需基础资源进行归纳、分析、演绎，推动研究进程。

14.3.3 行业环境驱使

行业环境是指运营环境，图书馆作为服务性机构受整个知识服务行业影响。随着数字技术的渗透和发展，传统的图书馆知识服务模式已经无法及时为用户提供满意的服务，知识服务模式和运转机制已经无法适应当前知识服务行业发展，这意味着在数字人文背景下图书馆的知识服务模式必须向个性化、针对性、多元化以及差异化的方向发展，才能切实为用户提供服务。例如，目前我们所熟知的知识服务载体百度知道和知乎等，已经打破传统图书馆的知识信息服务模式，以移动终端和互联网为基础，以用户需求为中心，已经成功地分流了图书馆的用户，甚至大多数用户在查询资料的时候已经不再把图书馆作为主要的资料来源。所以，这就驱使图书馆不得不改变知识服务模式，保留图书馆的社会价值。在行业环境的影响下，竞争压力的影响下，图书馆必须把提升服务品质作为改革的切入点，推动图书馆服务机制的改革，建立“读者第一”“用户至上”的服务机制，为用户提供个性化、差异化的服务，适应行业发展，真正地为用户提供方便。

14.4 数字人文背景下图书馆知识服务模式构建

数字人文背景下的图书馆知识服务以图书馆内存储的丰富数字化资源与纸质资源为基础利用计算机技术进行分析归纳，以此来寻求知识点和知识单元之间的联系，通过计算机辅助工具，文本挖掘技术、数据处理技术、可视化技术等计算机技术，来挖掘蕴藏在文献资料背后的信息，为学者提供高层次的知识服务，使用户依赖于数字化技术提供的高效率。在此基础上，王新雨❶借鉴薛志红❷对于图书馆知识服务模式的研究观点，构建面向数字人文的图书馆知识服务模式，如下图所示。

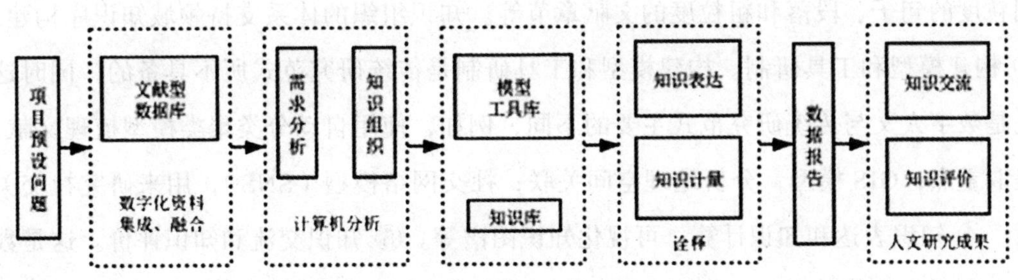

数字人文背景下图书馆知识服务模式图

❶ 王新雨．面向数字人文的图书馆知识服务模式研究［J］．图书馆工作与研究，2019（8）：71-76.

❷ 薛志红．面向数字人文的知识服务出版模式探索［J］．中国出版，2018（5）：35-39.

① 项目预设问题。人文社科的研究文献经过数字化处理，形成以版权作品为知识单元的数据库；通过学者需求进行知识组织，利用计算机技术的数据处理、清洗、分析等步骤。例如，计算机扫描、可视化处理、文本挖掘、编码处理等形式，把人文社科中研究文献以可视化直观的形式呈现出来，通过可视化图形的方式为用户解读，便于用户理解。

② 设计知识单元。提取数字化处理后文献中的知识单元，形成以实体关系为主的知识库。

③ 以问题为切入点构建模型库，研发平台工具，形成模型工具库。

④ 运用模型工具，诠释知识点，即知识表达或知识计算。

⑤ 形成可视化知识图谱和相关数据报告，基于知识图谱和数据报告得到研究结论。

⑥ 对研究结论进行知识评价、同行评议，提取有价值的结果和已经形成的新知识。由此，知识服务融入图书馆数字人文的研究周期。

图书馆数字人文知识服务的流程可归结为：① 数字化文献储备。数字化文献包括高质量且完整性强的电子书、期刊、音频文件、视频文件和图像等，通过元数据进行知识组织，来提高检索效率。② 知识组织。知识组织依托于知识单元，通过提取知识单元来构建数据库，进行知识表达和知识表示。知识服务组织管理文献中的知识。知识组织是知识服务的重要组成部分，揭示知识单元（包括显性知识因子和隐性知识因子）、挖掘知识关联的过程或行为。[1]知识单元包括实体、公式、图像等细粒度的句子、段落和粗粒度的文献章节等。知识组织的体系支持领域知识库构建。③ 构建模型和工具研制。构建模型和工具研制是传统研究范式所不具备的，同时这也是数字人文与传统研究范式主要的不同，例如，使用自动分类聚类模型梳理文献，提取重点；GIS 模型，分析地理空间关联；社交网络模型（SNS），用来研究社交关系。④ 知识表达和知识计算，可视化知识图谱等。⑤ 知识交流和知识评价。这是数字人文彰显价值的方式，同时，数字人文研究的过程和数据值得数字人文学界重复检验。

[1] 夏翠娟，张磊，贺晨芝．面向知识服务的图书馆数字人文项目建设：方法、流程与技术［J］. 图书馆论坛，2018（1）：1-9.

14.5　数字人文背景下图书馆知识服务转型对策

14.5.1 构建数字人文研究中心

在当前要想有效提升图书馆服务能力，就必须加快构建数字人文研究中心，搭建一个新的数据管理和科研交流平台，为人文社科领域的研究人员提供更为高质量的服务。在构建数字人文研究中心的过程中，要充分利用数字化技术，实现数字化技术与人文学科领域的交叉融合，以此推动人文学科领域的发展，让诸多科研工作者在研究过程中，通过数字化技术解决信息收集中所存在的难点，提高整体工作效率。在目前情况下，构建数字人文中心是图书馆参与数字人文的重要方式，通过构建数字人文研究中心，可以提升图书馆服务质量，拓展图书馆业务范围，其自身在技术和资源等方面的优势也可得到更好的发挥。例如，在国外数字人文研究相对成熟的国家，许多大学的数字人文研究中心都会设立在图书馆中。在这个过程中，我国应该多借鉴国外成功经验，充分发挥自身优势，有效整合相关资源，推动国内数字人文研究中心的建设与创新，能够切实为科研人员提供研究过程中的便利。除此之外，图书馆也应该加强与科研院所和高等院校之间的协作，为推动图书馆数字人文服务质量的提升打下良好的基础。

14.5.2 加强面向知识服务的数据库建设

“数字图书馆”是当前图书馆发展的一种新形式，数字技术在图书馆中的应用，让图书馆的建设上升到了一个新的高度，目前，很多公共图书馆和高校图书馆大多建立了自己的数据库，并在图书馆内开设了为用户提供服务的知识服务平台。这些数据库的建立，不仅有效地为用户提供了高效率的知识服务，而且有效地保存了历史、地理、人文等方面的重要内容。把资源以数字化技术的方式表达出来，一方面，拓展“数字图书馆”的建设；另一方面，在满足普通读者用户对于日常工作学习的需要外，也要致力于为深层次研究型学者用户提供知识服务，满足学者对于历史、人物和文化资源方面的迫切需求，使数字人文的统计和分析作用得到有效利用。

14.5.3 发挥数字人文馆员的作用

图书馆员在图书馆提供知识服务的过程中扮演着重要的角色，为学者、研究人员和团队等提供差异化、个性化的知识服务。因此，图书馆内有必要设置有关数字人文馆员的职位以及一系列的任职条件、岗位职责，并在条件允许的情况下开展培训教育。数字人文馆员应是具有图书情报专业背景的，具有一定跨学科研究能力、视野开阔、专业知识扎实、具备咨询技巧，愿意承担数字人文项目服务、人文资源或数据集建设、数字人文技术培训与专业教学等职责，紧跟人文学科研究前沿，开展学术交流、科研创新、参考咨询等工作的图书馆员。[1]数字人文背景下的图书馆知识服务，用户对于信息资源的需求呈现差异化和个性化，图书馆员必须有一定的知识分类能力和检索能力，掌握数字人文研究的相关内容，在这种情况下，图书馆需要对馆员进行素养教育与业务能力培训，来实现数字化技术与图书馆的成功融合，适应图书馆转型发展的需要。在未来图书馆的发展中，图书馆员是必须兼备数据和知识服务能力的优秀馆员，所以，图书馆要投入力度培养数字人文馆员，壮大数字人文馆员队伍，明确数字人文馆员的培养目标和培养方向，为数字人文背景下图书馆知识服务的转型提供帮助。

14.5.4 提供多层次的技术和服务支持

数字人文研究既具有其他学术活动的普遍特征，也有其独特的性质，这决定了

[1] 叶焕辉．国外高校图书馆数字人文馆员岗位设置研究［J］．图书馆工作与研究，2017（11）：48-52.

它所应用的工具、技术和方法并不是单一的，因此，图书馆不仅要提供针对学术研究的一般性服务，也要结合数字人文的特点提供相应服务，即服务是多层次的。[1]图书馆的数字人文服务层次可以分为四个层次：

① 面向师生和研究者的一些基础服务，例如，文件存储、视频流、维基百科等，满足用户简单的对计算机技术的需求。

② 普通研究服务，面向大众群体，但是会为特别的学术研究者设计，例如，期刊管理系统、网络平台、虚拟主机等，共开展学术研究的人员使用，为用户提供学术研究模板，便于选择适合研究需要的类型和格式。

③ 拓展研究服务，这一层面图书馆所提供的服务主要是面向用户的个性化服务，以及咨询服务。

④ 应用层面服务，挖掘研究的持续性和潜在价值是这一层面的主要特点，包括开发工具、平台以及方法等，不断与学者合作。不同层次的服务对人力、物力、财力的需求程度不同，图书馆可以基于馆内本身的条件为用户提供相应的数字人文服务。[2]

14.5.5 构建系统的图书馆数字人文服务评价体系

服务型机构及其组织注重的是服务能力，图书馆作为一级社会组织，存在的意义就是为社会提供知识服务满足社会需要，并以提供知识作为其存在的核心目的。因此，服务能力对数字人文研究有着重要的作用，图书馆应该抓住数字人文发展契机不断提高服务能力，要完成这个目标，就要立足于更高的社会价值构建系统的图书馆数字人文服务评价体系，这不但能够提高图书馆服务能力，而且还能提供图书馆工作效率及时获取用户为图书馆提供的信息。图书馆内部各部门之间要及时沟通交流相互配合，在日常提供知识服务的过程中具体任务具体分析，同时，还要和用户及时沟通，了解用户需求并做及时答复。图书馆在构建服务评价体系时要积极借

---

[1] Jennifer Vinopal，Monica McC ormick.Supporting Digital Scholarship in Research Libraries：Scalability and Sustainability[J/OL].（2013-01-01）[2016-03-08].https：//archive.nyu.edu/bitstream/2451/31698/2/Vinopal_McC ormick_Final.pdf.

[2] 林强，李慧子 . 高校图书馆数字人文服务策略研究［J］. 传播力研究，2019，3（33）：291-292.

鉴国外经验，国外在图书馆数字人文研究方面的经验值得我们学习、借鉴，依据已成功的实践经验，借助相关构建图书馆评价体系的会议、论坛等有效信息资源，推动图书馆数字人文服务向更深层次发展。

数字人文研究的快速发展无疑会促进图书馆知识服务模式快速转型，同时，数字人文研究也取得了不少重要成果，这些都给数字人文背景下图书馆知识服务打下了基础，图书馆知识服务模式的转型也是不同层次用户的迫切需求。数字化技术与传统图书馆的融合，也进一步推动了图书馆改变服务方式和服务内容，为用户提供精准化、差异化、个性化的知识服务，使图书馆的业务能力和工作效率都得到了一定程度的提升，体现了数字人文背景下图书馆的服务能力。“数字人文”时代，图书馆的发展应该紧跟社会发展，抓住发展契机，正视困难和挑战，充分发挥新时代的技术和服务的优势，在数字人文背景下努力创新知识服务模式，提升知识服务品质。

参考文献

[1] ALEX H POOLE, DEBORAH A Garwood. "Natural allies" : Librarians, archivists, and big data in international digital humanities project work [J] . Journal of Documentation, 2018, 74 (4) : 804-826.

[2] ADHO. Alliance of Digital Humanities Organizations [EB/OL] . [2020-04-05] . https: //adho.org/.

[3] Australian Newspaper Digitisation Program [EB/OL] . [2019-02-17] . https: //www.nla.gov.au/content/newspaper-digitisation-program.

[4] BAWDEN D, ROBINSON L. "Information behaviour", In: Introduction to information science [M] . London: Facet, 2012: 187-210.

[5] Berry D M. Introduction: understanding the digital humanities, in Berry D. (Ed.), Understanding Digital Humanities [M] . Basingstoke: Plagrave McMillan, 2012: 1-21.

[6] BERRY DAVID M. Understanding Digital Humanities [M] . New York: Palgrave Macmillan, 2012.

[7] BOHR J, DUNLAP R E. Key Topics in environmental sociology, 1990–2014: results from a computational text analysis [J] . Environmental Sociology, 2018, 4 (2) : 181-195.

[8] BOUCHARD L, ALBERTINI M, BATISTA R, et al. Research on health inequalities: a bibliometric analysis (1966-2014) [J] . Social Science & Medicine, 2015, 141 (9) : 100-108.

[9] BRADLEY A J, EL-ASSADY M, COLES K, et al. Visualization and the Digital Humanities [J]. IEEE computer graphics and applications, 2018, 38 (6): 26-38.

[10] BRENNAN C. Digital humanities, digital methods, digital history, and digital outputs: History writing and the digital revolution [J]. History Compass, 2018, 16 (10): e12492

[11] BRETT D CURRIER, RAFIA MIRZA, JEFF DOWNING. They think all of this is new: Leveraging librarians' project management skills for the digital humanities [D]. College & Undergraduate Libraries, 2017.

[12] BREWSTER K J, BARZUN J, Abelson R P, et al. A Panel Discussion. In: Computers for the Humanities? [M]. New Haven: Yale University Press, 1965: 145-158.

[13] BRUGGMANN A, FABRIKANT S I. How does GIScience support spatio-temporal information search in the humanities? [J]. Spatial Cognition & Computation, 2016, 16 (4): 255-271.

[14] BUDD J M. Relevance: language, semantics, philosophy [J]. Library Trends, 2004, 52 (3): 447-462.

[15] BURDICK A, DRUCKER J, LUMENFELD P, et al. Digital_Humanities. Cambridge: MIT Press, 2012.

[16] CADAL [EB/OL]. [2019-02-17]. http: //www.cadal. zju.edu.cn/index.

[17] CECIRE N. "Introduction: theory and the virtues of digital humanities" [J]. Journal of Digital Humanities, 2011, 1 (1).

[18] CENTER NET [EB/OL]. [2020-04-05]. http: //dhcenternet.org/.

[19] CHAMPION E M. Digital humanities is text heavy, visualization light, and simulation poor [J]. Digital Scholarship in the Humanities, 2016, 32 (1): i25-i32.

[20] CLEMENT T. Toward a Notion of the Archive of the Future: Impressions of Practice by Librarians, Archivists, and Digital Humanities Scholars [J].

Library Quarterly, 2013, 83 (2): 112-130.

[21]CLEMENT T E, CARTER D. Connecting theory and practice in digital humanities information work [J]. Journal of the Association for Information Science and Technology, 2017, 38 (6): 1385-1396.

[22]COOPER C B, DICKINSON J, PHILLIPS T, et al. Citizen Science as a tool for conservation in residential ecosystems [J]. Ecology&Society, 2007, 12 (2): 375-386.

[23]COWAN T L. "Run with Whatever You Can Carry": Cross-Platform Materials and Methods in Performance Studies–Meets–Digital Humanities [J]. American Quarterly, 2018, 70 (3): 649-655.

[24]CRONIN B. The waxing and waning of a field: reflections on information studies education [J]. Information Research, 2008 (17): 529.

[25]DALBELLO M. A genealogy of digital humanities [J]. Journal of Documentation, 2011, 67 (3): 480-506.

[26]DE MEO P, FERRARA E, FIUMARA G, et al. Generalized Louvain method for community detection in large networks [C]. In 11th International Conference on Intelligent Systems Design and Applications, 2011: 88-93.

[27]DEEGAN M, TANNER S. Conversion of primary sources [C]. //Schreibman S, Siemens R, Unsworth J. A Companion to Digital Humanities. Oxford: Blackwell, 2004: 488-504.

[28]DI CRESCE R, KING J. Developing collaborative best practices for digital humanities data collection: A case study [J]. College & Undergraduate Libraries, 2017, 24 (2-4): 226-237.

[29]Digital humanities (DH) [EB/OL]. [2020-06-01].https: / /en. wikipedia. org/wiki/Digital humanities.

[30]DOREIAN P, LLOYD P, MRVAR A. Partitioning large signed two-mode networks: Problems and prospects [J]. Social Networks, 2013, 35 (2): 178-203.

[31] DURO A. Humanities computing activities in Italy [J]. Computers & the Humanities, 1968.

[32] EITO-BRUN R, Rodríguez M L. 50 years of space research in Europe: a bibliometric profile of the European Space Agency (ESA) [J]. Scientometrics, 2016, 109 (1): 551-576.

[33] FLIS I, VAN ECK N J. Framing psychology as a discipline (1950–1999): A large-scale term co-occurrence analysis of scientific literature in psychology[J]. History of Psychology, 2018, 21 (4): 334.

[34] FROSINI L, BARDI A, MANGHI P, PAGANO P. An aggregation framework for digital humanities infrastructures: The parthenos experience [J]. SCIentific RESearch and Information Technology, 2018, 8 (1): 33-50.

[35] FRY J. Scholarly research and information practices: a domain analytic approach [J]. Information Processing and Management, 2006, 42 (1): 299-316.

[36] GAFFIELD C. Words, words, words: How the digital humanities are integrating diverse research fields to study people [J]. Annual Review of Statistics and Its Application, 2018 (5): 119-139.

[37] GIBBS F. Critical discourse in digital humanities [J]. Journal of Digital Humanities, 2011, 1 (1).

[38] GOLD MATTHEW K. Debates in the Digital Humanities [M]. Minneapolis: University of Minnesota Press, 2012.

[39] GRIMSHAW M. Towards a manifesto for a critical digital humanities: critiquing the extractive capitalism of digital society [J]. Palgrave Communications, 2018, 4 (1): 21.

[40] HARKEMA CRAIG, BRENT NELSON. Scholar-Librarian Collaboration in the Publication of Scholarly Materials[J]. Collaborative Librarianship, 2013, 5(3): 197-207.

[41] HARRIS M H. The dialectic of defeat: antimonies in research in library and information science [J]. Library Trends, 1986, 34 (3): 515-531.

[42] HARVARD LIBRARY LAB. Featured Projects [EB/OL] . [2018-03-15] . https：//osc.hul.harvard.edu/liblab/.

[43] HARVELL J，BALL J. Why we need to find time for digital humanities：presenting a new partnership model at the University of Sussex [J] . Insights，2017，30（3）：38.

[44] HOLMBERG K，THELWALL M. Disciplinary differences in Twitter scholarly communication [J] . Scientometrics，2014，101（2）：1027-1042.

[45] HU J，ZHANG Y. Discovering the interdisciplinary nature of big data research through social network analysis and visualization [J] . Scientometrics，2017，112（1）：91-109.

[46] HU J，ZHANG Y. Structure and patterns of cross-national Big Data research collaborations [J] . Journal of Documentation，2017，73（6）：1119-1136.

[47] HUANG J，BAGHER M M，DOHN ROSS H，PIEKIELEK N，Wallgrün J O，ZHAO J，KLIPPEL A. From archive，to access，to experience—Historical documents as a basis for immersive experiences [J] . Journal of Map & Geography Libraries，2018，14（1）：40-63.

[48] IUPUI. University Library Center for Digital Scholarship [EB/OL] . [2018-03-15] . http：//www.ulib.iupui.edu/digitalscholar ship/digitalhumanities.

[49] JEWELL A. Digital Editions：Scholarly Tradition in an Avant-Garde Medium[J] . Documentary Editing，2008，30（3-4）：28-35.

[50] JONES S. When Computers Read：Literary Analysis and Digital Technology [J] . Bulletin of the American Society for Information Science and Technology，2012，38（4）：27-30.

[51] JONES S. The Emergence of the Digital Humanities [M] . New York：Routledge，2014.

[52] KIM J，WARGA E，MOEN W. Competencies required for digital curation：An analysis of job advertisements [J] . International Journal of Digital Curation，2013，8（1）：66-83.

[53] KIM M C, ZHU Y, CHEN C. How are they different? A quantitative domain comparison of information visualization and data visualization (2000-2014)[J]. Scientometrics, 2014, 107 (1): 123-165.

[54] KOLTAY T. Library and information science and the digital humanities: perceived and real strengths and weaknesses [J] . Journal of Documentation, 2016, 72 (4): 781-792.

[55] KRONEGGER L, MALI F, FERLIGOJ A, et al. Collaboration structures in Slovenian scientific communities [J] . Scientometrics, 2012, 90 (2): 631-647.

[56] LI L, LIU Y, ZHU H, et al. A bibliometric and visual analysis of global geo-ontology research [J] . Computers & Geosciences, 2017, 99: 1-8.

[57] LIANGZHI Y. Back to the fundamentals again [J] . Journal of Documentation, 2015, 71 (4): 795-816.

[58] LIU J, FAN L, YIN H. A bibliometric analysis on cognitive processing of emotional words [J] . Digital Scholarship in the Humanities, 2019, 35 (2): 353-365.

[59] LOGSDON A, MARS A, TOMPKINS H. Claiming expertise from betwixt and between: Digital humanities librarians, emotional labor, and genre theory [J] . College and Undergraduate Libraries, 2017, 24 (2-4): 155-170.

[60] LOTHIAN A. From Transformative Works to# transformDH: Digital Humanities as (Critical) Fandom [J] . American Quarterly, 2018, 70 (3): 371-393.

[61] LUCKY S, HARKEMA C. Back to basics: Supporting digital humanities and community collaboration using the core strength of the academic library [J] . Digital Library Perspectives, 2018, 34 (3): 188-199.

[62] MAHONY S. Cultural Diversity and the Digital Humanities [J] . Fudan Journal of the Humanities and Social Sciences, 2018, 11 (3): 371-388.

[63] MC CARTY WILLARD. Humanities Computing. New York: Marcel Dekker Pres, 2003.

[64] MIKE KMIEC. Crowdsourcing our Cultural Heritage [J]. Library Review, 2015, 64 (67): 506-507.

[65] MILLSON-MARTULA C, GUNN K. The digital humanities: Implications for librarians, libraries, and librarianship [J]. College & Undergraduate Libraries, 2017, 24 (2-4): 135-139.

[66] MOLLY DAHL POREMS.Evaluating the landscape of digital humanities librarianship [J], College & Undergraduate Libraries, 2017, 24 (2-4): 140-154

[67] Muñoz-Écija T, VARGAS-QUESADA B, CHINCHILLA-Rodríguez Z. Identification and visualization of the intellectual structure and the main research lines in nanoscience and nanotechnology at the worldwide level [J]. Journal of Nanoparticle Research, 2017, 19 (2): 62.

[68] NAKAYA T, YANO K, ISODA Y, et al. Virtual Kyoto project: Digital diorama of the past, present, and future of the historical city of Kyoto [C]. // Ishida, T. Culture and Computing, Springer, Berlin: Heidelberg, 2010: 173-187.

[69] NYHAN J, DUKE-WILLIANMS O. Joint and multi-authored publication patterns in the Digital Humanities [J]. Literary and Linguistic Computing, 2014, 29 (3): 387-399.

[70] OOMEN J, AROYO L. Crowdsourcing in the Cultural Heritage Domain: Opportunities and Challenges [C]. In: Proceedings of the 5th International Conference on Communities and Technologies. New York, United States: Association for Computing Machinery, 2011: 138-149.

[71] OWENS T. Defining data for humanists: text, artifact, information or evidence? [J]. Journal of Digital Humanities, 2011, 1 (1).

[72] POOLE A H, GARWOOD D A. “Natural allies” Librarians, archivists, and big data in international digital humanities project work [J]. Journal of Documentation, 2018, 74 (4): 804-826.

[73] POOLE A H. The Conceptual Landscape of Digital Curation [J]. Journal of Documentation, 2016, 72 (5): 961-986.

[74] POOLE A H. The conceptual ecology of digital humanities [J]. Journal of Documentation, 2017, 73 (1): 91-122.

[75] POOLE A H, GARWOOD D A. "Natural allies" Librarians, archivists, and big data in international digital humanities project work [J]. Journal of Documentation, 2018, 74 (4): 804-826.

[76] POOLE A H, GARWOOD D A. Interdisciplinary scholarly collaboration in data-intensive, public-funded, international digital humanities project work [J]. Library & Information Science Research, 2018, 40 (3-4): 184-193.

[77] POREMSKI M D. Evaluating the landscape of digital humanities librarianship [J]. College & Undergraduate Libraries, 2017, 24 (2-4): 140-154.

[78] PORTER A, COHEN A, DAVID ROESSNER J, PERREAULT M. Measuring researcher interdisciplinarity [J]. Scientometrics, 2007, 72 (1): 117-147.

[79] POSNER M. No Half Measures: Overcoming Common Challenges to Doing Digital Humanities in the Library [J]. Journal of Library Administration, 2013, 53 (1): 43-52.

[80] PRESNER T, SHEPARD D. Mapping the Geospatial Turn [C]. //S. Schreibman, R. Siemens & J. Unsworth, eds. A New Companion to Digital Humanities. West Sussex, UK: Wiley Blackwell, 2016: 201-212.

[81] PUSCHMANN C, BASTOS M. How digital are the digital humanities? An analysis of two scholarly blogging platforms [J]. PLoS One, 2015, 10 (2): e0115035.

[82] QUAN-HAASE A, MARTIN K, MC CAY-PEET L. Networks of digital humanities scholars: The informational and social uses and gratifications of Twitter [J]. Big Data & Society, 2015, 2 (1): 1-12.

[83] RAFOLS I, MEYER M. Diversity and network coherence as indicators of interdisciplinarity: case studies in bionanoscience [J]. Scientometrics, 2009,

82（2）：263-287.

[84] RICHARDON H A，EICHMANN-KALWARA N. Process and collaboration: Assessing digital humanities work through an embedded lens [J] . College & Undergraduate Libraries，2017，242（2-4）：595-615.

[85] RICK BONNEY，CAREN B COOPER，JANIS DICKINSON，et al. Citizen Science: A Developing Tool for Expanding Science Knowledge and Scientific Literacy [J] . BioScience，2009，59（11）.

[86] RISAM R，SNOW J，EDWARDS S. Building an ethical digital humanities community: Librarian，faculty，and student collaboration [J] . College & Undergraduate Libraries，2017，24（2-4）：337-349.

[87] ROBINSON L. Information science: communication chain and domain analysis [J] . Journal of Documentation，2009，65（4）：578-591.

[88] ROBINSON L，PRIEGO E，BAWDEN D. Library and information science and digital humanities: two disciplines，joint future? [C] . //Pehar，F.，Schlögl，C. and Wolff，C.（Eds），Re: inventing Information Science in the Networked Society，Verlag Werner Hülsbusch: Glückstadt，2015：44-54.

[89] ROCKENBACH B. Introduction. Journal of Library Administration [J] . 2013，53（1）：1-9

[90] ROCKENBACH B A. Digital humanities in libraries: New models for scholarly engagement [J] . Journal of Library Administration，2013，53：1-9.

[91] RODRIGUEZ ORTEGA N. "Five central concepts to think of Digital Humanities as a new digital humanism project"，In: "Digital Humanities: societies，policies，knowledge" [J] . Artnodes，2018（22）：1-6.

[92] ROOPIKA RISAM，JUSTIN SNOW，SUSAN EDWARDS. Building an ethical digital humanities community: Librarian，faculty，and student collaboration，College & Undergraduate Libraries，2017，24（2-4）：337-349.

[93] ROSENBLUM B，DEVLIN F，ALBIN T，et al. Collaboration and coteaching: librarians teaching digital humanities in the classroom [M] . Association of

College & Research Libraries：Lawrence，2015：151-175.

[94] S SCHREIBMAN，R SIEMENS，J UNSWORTH. Crowdsourcing in the Digital Humanities [M] . John Wiley & Sons，Ltd，2015.

[95] SABHARWAL A. Digital humanities and the emerging framework for digital curation [J] . College & Undergraduate Libraries，2017，24（2-4）：238-256.

[96] SACCO K L，RICHMOND S S，PARME S，et al. Supporting digital humanities for knowledge acquisition in modern libraries [M] . Her-shey：IGI Global，2015：234-252.

[97] SANTOS J，Anastácio I. MARTINS B. Using machine learning methods for disambiguating place references in textual documents [J] . GeoJournal，2015，80（3）：375-392.

[98] SHANNON LUCKY，CRAIG HARKEMA. Back to basics：Supporting digital humanities and community collaboration using the core strength of the academic library [J] . Digital Library Perspectives，2018，34（3）：188-199.

[99] SIEMENS L. It's a Team if You Use 'Reply All'：An Exploration of Research Teams in Digital Humanities Environments [J] . Literary and Linguistic Computing，2009，24（2）：225-233.

[100] SMALL H，GRIFFITH B C. The structure of scientific literatures I：Identifying and graphing specialties [J] . Science studies，1974，4（1）：17-40.

[101] SPROLES C，CLEMONS A. The Migration of Government Documents Duties to Public Services：An Analysis of Recent Trends in Government Documents Librarian Job Advertisements [J] . The Reference Librarian，2019，60（2）：83-92.

[102] SUSAN S，RAY S，JOHN U. A Companion To Digital Humanities [M] . Blackwell Publishing，2004.

[103] SVENSSON P，GOLDBERG D T. Introduction. In：P. Svensson & D. T. Goldberg，eds.Between Humanities and the Digital. Cambridge：MIT Press，2015：1-8.

[104] SVENSSON P. The landscape of digital humanities [J] . DHQ：Digital

Humanities Quarterly, 2010, 4 (1) .

[105] TANG M C, CHENG Y J, CHEN K H. A longitudinal study of intellectual cohesion in digital humanities using bibliometric analyses [J] . Scientometrics, 2017, 113 (2): 985-1008.

[106] TERRAS M. Disciplined: Using educational studies to analyse 'humanities computing' [J] . Literary and Linguistic Computing, 2006, 21 (2): 229-246.

[107] THOMPSON K M, MUIR R, QAYYUM A. Australian library job advertisements: Seeking inclusion and diversity [C] . In International Conference on Information. Springer, Cham, 2019: 817-825.

[108] TIBOR KOLTAY. Library and information science and the digital humanities: Perceived and real strengths and weaknesses [J] . Journal of Documentation, 2016, 72 (4): 781-792.

[109] TILTON L, EARHART A E, DELMONT M, et al. Forum Introduction [J] . American Quarterly, 2018, 70 (3): 629-631.

[110] VAN ECK N, WALTMAN L. Software survey: VOSviewer, a computer program for bibliometric mapping [J] . Scientometrics, 2009, 84 (2) 523-538.

[111] VAN ECK N, WALTMAN L. Citation-based clustering of publications using CitNetExplorer and VOSviewer [J] . Scientometrics, 2017, 111 (2): 1053-1070.

[112] WAGNER-PACIFICI R, MHOR J W, BREIGER R L. Ontologies, methodologies, and new uses of Big Data in the social and cultural sciences[J]. Big Data & Society, 2015, 2 (2) : 1-11.

[113] WALTMAN L, VAN ECK N J, NOYONS, et al. A unified approach to mapping and clustering of bibliometric networks [J] . Journal of Informetrics, 2010, 4 (4): 629-635.

[114] WANG X G, MITSUYUKI INABA. Co-word Analysis of Research Topics in

Digital Humanities [C] . In Proceedings of the International Conference of Digital Humanities. 2009：148-150

[115] WANG H，YAN X，GUO H. Visualizing the knowledge domain of embodied language cognition：A bibliometric review [J] . Digital Scholarship in the Humanities，2019，34 (1)：21-31.

[116] WANG Q. Distribution features and intellectual structures of digital humanities：A bibliometric analysis [J] . Journal of Documentation，2018，74 (1)：223-246.

[117] WARWICK C. Institutional models for digital humanities [C] .//Warwick，C.，Terras，C.M. and Nyhan，J. (Eds)，Digital Humanities in Practice. London：Facet，2012：193-216.

[118] WASSERAN S，FAUST K. Social network analysis：Methods and applications [M] . Cambridge：Cambridge University Press，1994 (8) .

[119] WHITE J W，GILBERT H. (Eds.) . Laying the Foundation：Digital Humanities in Academic Libraries [D] . Purdue University Press，2016.

[120] WIEDEMANN G. Opening up to big data：Computer-assisted analysis of textual data in social sciences [J] . Historical Social Research/Historische Sozialforschung，2013，38 (4)：332-357.

[121] WITMORE M. Text：A massively addressable object [C] . Debates in the Digital Humanities，2012：324-327.

[122] WRISLEY D，EL-ASSADY M，BRADLEY A J，et al. Visualization in the Digital Humanities：Moving Toward Stronger Collaborations [J] . IEEE Computer Graphics and Applications，2018，38 (6)：26-38.

[123] YAN E，DING Y. Scholarly network similarities：How bibliographic coupling networks，citation networks，cocitation networks，topical networks，coauthorship networks，and coword networks relate to each other [J] . Journal of the American Society for Information Science and Technology，2012，61 (7)：1313-1326.

[124] ZHU Q, KONG X, HONG S, et al. Global ontology research progress: Bibliometric analysis [J]. Aslib Journal of Information Management, 2015, 67(1): 27-54.

[125] 岑炅莲，欧阳剑，曾辉．数字人文项目中的数据众包运作策略研究［J/OL］．图书与情报，2020（5）：125-132.

[126] 冯剑红，李国良，冯建华．众包技术研究综述［J］．计算机学报,2015,38(9)：1713-1726.

[127] 高远．计算机网络技术在图书馆馆藏资源优化中的应用［J］．信息记录材料，2019，20（5）：102-103.

[128] 郭金龙，许鑫．数字人文中的文本挖掘研究［J］．大学图书馆学报，2012（3）：11-18.

[129] 郭英剑．数字人文：概念、历史、现状及其在文学研究中的应用［J］．江海学刊，2018（3）：190-197+239.

[130] 黄水清．人文计算与数字人文：概念、问题、范式及关键环节［J］．图书馆建设，2019（5）：68-78.

[131] 黄小淋．面向数字人文的图书馆开放数据管理模式研究［D］．辽宁师范大学，2019.

[132] 蒋萌．新时代图书馆数字人文发展研究［J］．图书馆工作与研究，2019（4）：16-21+48.

[133] 柯平，宫平．数字人文研究演化路径与热点领域分析［J］．中国图书馆学报，2016，42（6）：13-30.

[134] 赖永忠．面向数字人文的图书馆科研支持服务研究［J］．图书馆工作与研究，2016（10）：28-32.

[135] 李如鹏．数字人文下图书馆的角色［J］．图书馆理论与实践，2019（4）：10-14.

[136] 李书宁，曾姗．国外图书馆数字馆藏众包建设实践调查与分析［J］．图书情报工作，2014，58（23）：83-90.

[137] 李彦伟，黄晨，管宇飞，等．馆研融合 让图书馆古籍文献为学术服务——中国

社会科学院经济研究所古籍特色和整理利用［J］. 文献与数据学报，2021，3（1）：100-112.

［138］李洋，温亮明，李健 . 国内图书馆众包研究文献综述［J］. 知识管理论坛，2018，3（2）：85-94.

［139］李子林，王玉珏，龙家庆 . 数字人文与档案工作的关系探讨［J］. 浙江档案，2018（7）：13-16.

［140］梁爽，卢章平，刘桂锋，等 . 面向大学生创新团队创新过程的图书馆知识服务研究［J］. 大学图书馆学报，2018（5）：87-92，86.

［141］林富士.“数位人文学”白皮书［M］. 台北：中央研究院数位文化中心，2017：1-36.

［142］林强，李慧子 . 高校图书馆数字人文服务策略研究［J］. 传播力研究，2019，3（33）：291-292.

［143］刘炜，林海青，夏翠娟 . 数字人文研究的图书馆学方法：书目控制与文献循证［J］. 大学图书馆学报，2018，36（5）：116-123.

［144］刘炜，谢蓉，张磊，张永娟 . 面向人文研究的国家数据基础设施建设［J］. 中国图书馆学报，2016，42（5）：29-39.

［145］刘炜 . 关联数据：概念、技术及应用展望［J］. 大学图书馆学报，2011，29（2）：5-12.

［146］鲁丹，李欣，陈金传 . 基于 API 技术的数字人文基础设施的构建［J］. 图书馆学研究，2019（13）：42-46+57.

［147］马元 . 基于 Citespace 的网络订餐研究现状与热点分析［J］. 电子商务，2020（10）：36-37.

［148］钱晓红，胡芒谷 . 政府开放数据平台的构建及技术特征［J］. 图书情报知识，2014（3）：124-129.

［149］屈宝强 . 中国科学数据基础设施建设及发展对策研究［J］. 情报工程，2020，6（1）：11-21.

［150］上海图书馆开放数据平台 http：//data.library.sh.cn/index.

［151］慎一虹 . 深入开发地方文献资源的若干探索——基于图书馆、档案馆合作的视

角［J］. 浙江档案，2021（1）：64-65.

［152］苏敏，许春漫 . 美国高校图书馆数字人文馆员队伍建设及启示［J］. 图书馆建设，2018（11）：28-35.

［153］唐乐 . 耶鲁大学图书馆的数字人文服务实践［J］. 图书馆论坛,2019,39（06）：10-18.

［154］田燕飞，盛小平 . 美国高校图书馆数字人文服务研究及启示［J］. 图书馆工作与研究，2019（8）：32-40.

［155］汪莉 . 高校图书馆数字人文：跨学科合作的现实困境与对策研究［J］. 新世纪图书馆，2018（12）：9-14.

［156］王敬，王彦兵 . 国外科研数据基础设施研究及实践的调研与分析［J］. 情报资料工作，2016（6）：99-104.

［157］王蕾，薛玉，肖鹏，等 . 民间历史文献数字人文图书馆构建——以徽州文书数字人文图书馆实践反思为例［J］. 图书馆论坛，2018，38（3）：30-36.

［158］王涛. “数字史学”：现状、问题与展望［J］. 江海学刊，2017（2）：172-176.

［159］王涛 . 数字人文的本科教育实践：总结与反思［J］. 图书馆论坛，2018（6）：37-41.

［160］王新雨 . 面向数字人文的图书馆知识服务模式研究［J］. 图书馆工作与研究，2019（8）：71-7.

［161］文庭孝 . 知识单元的演变及其评价研究［J］. 图书情报工作，2007（10）：72-76.

［162］吴丽萍 . 我国图书馆数字人文研究现状及展望［J］. 图书馆工作与研究，2021（6）：30-36.

［163］夏翠娟，张磊，贺晨芝 . 面向知识服务的图书馆数字人文项目建设：方法、流程与技术［J］. 图书馆论坛，2018（1）：1-9.

［164］夏翠娟，刘炜，陈涛，等 . 家谱关联数据服务平台的开发实践［J］. 中国图书馆学报，2016，42（3）：27-38.

［165］夏翠娟 . 面向人文研究的“数据基础设施”建设——试论图书馆学对数字人文的方法论贡献［J］. 中国图书馆学报，2020，46（3）：24-37.

[166] 夏翠娟 . 数字人文之热浪潮与冷思考 [J]. 图书情报知识，2019（2）：2.

[167] 谢欢 ."普罗米修斯之火"还是"达摩克利斯之剑"：数字人文与图书情报学的理性思考 [J]. 图书情报知识，2019（1）：81-87.

[168] 邢文明，郭安琪，秦顺，等 . 科学数据管理与共享的 FAIR 原则——背景、内容与实施 [J/OL]. 信息资源管理学报：1-10 [2021-02-02] .http：//kns.cnki.net/kcms/detail/42.1812.G2.20200909.1157.002.html.

[169] 熊文龙，李瑞婻 . 基于科学数据管理的图书馆数据服务研究 [J]. 图书情报工作，2014，58（22）：48-53.

[170] 薛志红 . 面向数字人文的知识服务出版模式探索 [J]. 中国出版，2018（5）：35-39.

[171] 杨滋荣，熊回香，蒋合领 . 国外图书馆支持数字人文研究进展 [J]. 图书情报工作，2016，60（24）：122-129.

[172] 姚啸华，贺晨芝，徐孝娟，等 . 面向数字人文的图书馆众包平台构建研究——以上海图书馆历史文献众包平台为例 [J]. 图书馆杂志，2020，39（6）：105-112.

[173] 叶焕辉 . 国外高校图书馆数字人文馆员岗位设置研究 [J]. 图书馆工作与研究，2017（11）：48-52.

[174] 于亚秀，李欣 . 美国高校图书馆的数字人文服务实践——以加州大学洛杉矶分校为例 [J]. 图书馆论坛，2018，38（9）：30-37.

[175] 余波，温亮明，李洋，等 . 基于关键词共现的图书情报领域 MOOC 研究热点解析 [J]. 图书馆工作与研究，2017（4）：69-77.

[176] 詹逸珂 . 数字人文项目前端历史档案资源众包探析：特征、风险及其控制 [J]. 山西档案，2020（2）：77-84.

[177] 张斌，李子林 . 数字人文背景下档案馆发展的新思考 [J]. 图书情报知识，2019（6）：68-76.

[178] 张磊，夏翠娟 . 面向数字人文的图书馆开放数据服务研究——以上海图书馆开放数据应用开发竞赛为例 [J]. 图书馆杂志，2018（3）.

[179] 张诗博 ."数字人文"背景下的图书馆知识服务 [J]. 晋图学刊，2013（5）：

40-42+53.

[180] 张卫东，左娜．面向数字人文的馆藏资源可视化研究［J］．情报理论与实践，2018，41（9）：102-107.

[181] 张永娟，陈涛，张珅．基于 Sesame 及 Rdfizer 扩展工具的关联数据应用平台［J］．图书情报工作．2013，57（16），135-139.

[182] 赵生辉，朱学芳．我国高校数字人文中心建设初探［J］．图书情报工作，2014，58（6）：64-69+100.

[183] 赵星，李书宁，肖亚男．数字人文视域下基于多源数据融合的人物专题数据库建设——以上海图书馆2018开放数据应用开发竞赛作品“树人者”为例［J］．图书馆杂志，2019，38（12）：45-51.

[184] 赵宇翔，练靖雯．数字人文视域下文化遗产众包研究综述［J/OL］．数据分析与知识发现：1-33［2021-01-07］.http：//kns.cnki.net/kcms/detail/10.1478.g2.20201013.0901.003.html.

[185] 赵宇翔．科研众包视角下公众科学项目刍议：概念解析、模式探索及学科机遇［J］．中国图书馆学报，2017，43（5）：42-56.

[186] 周晨．大数据时代图书馆数字人文建设现状与发展路径［J］．图书馆工作与研究，2018（6）：50-53.

[187] 周浒．大数据视野下的数字人文与新闻史人物研究［J］．传媒观察,2020（2）：87-93.

[188] 朱本军，聂华．数字人文：图书馆实践的新方向［J］．大学图书馆学报，2017，35（4）：23-29.

[189] 朱慧敏，杨沉．数字人文馆员：缘起、角色定位及能力构建［J］．图书馆学研究，2019（14）：26-33.

[190] 朱娜．数字人文的兴起及图书馆的角色［J］．图书馆，2016（12）：17-22+48.